El tiempo de las emociones

Cómo sostener la salud a pesar de las circunstancias

Guillermo García Arias

El tiempo de las emociones
es editado por
EDICIONES LEA S.A.
Av. Dorrego 330 C1414CJQ
Ciudad de Buenos Aires, Argentina.
E-mail: info@edicioneslea.com
Web: www.edicioneslea.com

ISBN 978-987-718-529-4

Primera edición. Impreso en Argentina.
Octubre de 2017. Talleres Gráficos Elías Porter

García Arias, Guillermo
    El tiempo de las emociones / Guillermo García Arias. - 1a ed. -
Ciudad Autónoma de Buenos Aires: Ediciones Lea, 2017.
    224 p. ; 23 x 15 cm. - (Armonía ; 63)

    ISBN 978-987-718-529-4

    1. Autoayuda. I. Título.
    CDD 158.1

"Ante una emoción, a mayor rapidez, más y mejor información recibe la célula, que a su vez permite realizar los cambios necesarios en el menor tiempo posible, esto es sinónimo de buena salud... o de curación o de mejoría, en los procesos de enfermedades".

Candance Pert

Introducción

Por qué este libro

Es un gran gusto para mí escribir y volcar, a través de palabras, mis vivencias y mis ideas, y las vivencias y las ideas de otros que impactaron fuertemente en mí.

Intentaré, una vez más, hacer mi aporte para que cada persona alcance su máximo desarrollo.

Me envuelve la sensación del libro anterior, Yo soy los otros, pues cuando escribo, escriben todos, todos aquellos que influyeron de alguna manera en mi vida.

Mi particular manera de manifestar todo lo que en mi adentro demanda por salir, configura mi obra, letra a letra, palabra a palabra.

Lo hago pues entiendo que lo que aquí se vierte podrá ser de utilidad a jóvenes, adultos y ancianos.

He sido depositario de enseñanzas, me he nutrido de clases, lecturas, prosas, poesías, pinturas, canciones, melodías, paisajes, abrazos, caricias, miradas.

Y tener la oportunidad de ser yo, el que también aporta y suma, ofrece y entrega hacia los demás, le da un claro sentido a mi vida.

Cuando decido dar por terminada una obra literaria, cerrar por fin la escritura de un nuevo libro, es porque entiendo que se han conformado un conjunto de ideas, saberes, inspiraciones, dignas de ser recibidas por mis semejantes.

Me acaricia la grata sensación de poder aportar al recorrido de otros con el contenido de estas páginas.

Soy portador del convencimiento de que hay que seguir sumando y no restando.

A partir de la lectura del gran Antonio Damásio, las emociones y su impacto en nuestro cuerpo, han sido un interés creciente en mi recorrido, por ello trabajo sobre ellas y he elegido como título una frase referida a las mismas.

La salud y la enfermedad, vistas desde un humanista no médico, me permiten desplegar una libertad que siempre va unida a la responsabilidad para emitir conceptos sobre el tema.

La energía, su alcance, la constitución de nuestro combo humano energético, ha llamado mucho mi atención también, pues entiendo que estamos ante los umbrales de una nueva etapa de la humanidad.

Me refiero a ir abriendo puertas que no conocíamos y que, ahora, tímidamente o no, podemos empezar a abrir para ayudar a nuestro propio despliegue como seres humanos.

Escribiendo sobre la energía, a su vez, podemos atisbar las fronteras de la creación de la realidad, cuando nos vamos animando a portar las nuevas herramientas que el Universo y el conocimiento científico nos acercan.

Como todos mis libros, éste también tiene títulos referidos a la vida y el recorrido de las personas, que postulo como disparadores para vivir mejor.

Espero que de estas páginas emerjan inspiraciones para mejorar la manera de caminar el sendero de la existencia.

Prólogo

Este libro es la celebración de una vida humana. Y también, una invitación a vivir. De manera generosa, el autor se comparte, se vuelve cántaro vertiendo agua cristalina, con la intención de ser útil a otros, convidándonos sus experiencias, sus pensamientos y sus aprendizajes de manera simple, directa, personal, sin reservas ni complicadas elaboraciones. Abriendo puertas y ventanas para que las vivencias entren y salgan abundantes y a borbotones, así es como Guillermo García Arias se vuelve espejo. Especialmente de aquellos que −tal vez cansados o insatisfechos con una vida regida por mandatos externos de la sociedad, la cultura o la familia− buscan nuevas formas de vivir que devuelvan sentido a la existencia en "los tiempos que corren".

El proceso de convertirse en persona que Guillermo describe, parafraseando él mismo a Carl Rogers, es un *continuum* de descubrimientos que promueven crecimiento y bienestar, y que no tiene fin.

El autor no duda en tomar partido cuando de definir el propósito fundamental de la vida humana se trata: es la felicidad y el ser útil a otros, sostiene enfáticamente. Esa felicidad implica una vida plena, con toda su gama de vivencias.

El tiempo de las emociones señala la importancia y lo saludable de procesar la valiosa información que nuestras vivencias emocionales traen para nuestras vidas, concientizándolas y expresándolas conectados con nuestra interioridad aquí y ahora. Todo lo contrario de cómo lo ponía Woody Allen para señalar el mismo punto, pero con su estilo sarcástico: "Yo no expreso mis emociones. Yo hago tumores".

Entonces, este libro también es acerca de cómo prevenir enfermedades y fortalecer la salud, pues como el autor busca fundamentar, somos una sutil trama bio-psico-social-espiritual, en la cual emociones y creencias juegan un rol fundamental en nuestra manera de crear realidades.

Así Guillermo nos lleva de la mano a través de una variedad de temas e intereses que expresan ese anhelo por una vida de mayor sentido, salud y plenitud: emociones, energía, creencias, arte, encuentro, amor, ser, desarrollo personal, trascendencia, etc. Y lo hace en primera persona, como un amigo nos compartiría sus pasiones, inquietudes, dudas y certezas.

Ojalá este libro inspire al lector y lo invite también a comprometerse más con su propia existencia, a buscar, a renacer una y otra vez. Es el viaje que nos toca como seres humanos, y que contiene tanto por ser des-cubierto. Cada uno lo transita a su manera. Y este libro no pretende ser cartografía. Es amigo de viaje.

Ricardo Toledo

Capítulo 1

Emociones

Nuestro cuerpo funciona en el presente y siempre lo hará. La vida transcurre en el presente, nada pasa en el pasado ni en el futuro. Con nuestro funcionamiento psíquico puede ser diferente. Nuestra mente es enigmática y, aún ahora, inaccesible.

Somos el centro de un mundo cambiante, estamos envueltos por él. Todo cambia alrededor nuestro, todo el tiempo. Nos movemos nosotros y se mueve el mundo, se producen hechos, ocurren situaciones, se presentan circunstancias. Sólo unas pocas de éstas, dentro de las millones, se suceden cerca de nosotros, y algunas nos pueden afectar.

Sorpresas, alegrías, temores, broncas, iras, vergüenzas, culpas, repugnancias, ascos, nos sobrevienen y las expresamos. Somos una caja de resonancia de aquello que ocurre frente a nosotros, y nos afecta. Me refiero a las emociones, estímulos externos a nosotros, que impactan en todo nuestro sistema biopsicosocial. Son respuestas físicas, a estímulos externos a nosotros, a diferencia de los sentimientos, que son respuestas a estímulos internos provocados por la mente. Es muy bueno para la salud que el trámite que le demos a las emociones sea en el presente. Es saludable que el procesamiento de las emociones ocurra "on line", en tiempo presente.

Podemos demorar un poco, pero no es conveniente. Lo ideal es que su manifestación y las consecuencias de su aparición se desencadenen cerca del presente, cerca del aquí y el ahora.

Todos los desarrollos de las últimas décadas en función de la salud y de la génesis de la enfermedad nos dan cuenta de que no es bueno para el hombre, no es bueno para el cuerpo, no es bueno para su salud juntar emociones, encriptar emociones, esconder emociones.

Nuestra mente puede almacenar una cantidad no precisada de emociones no resueltas.

Cuando se excede ese nivel que sólo nuestro cuerpo sabe, se producen síntomas, manifestaciones, y pueden empezar a producirse enfermedades.

El ser humano transita su existencia sometido a estímulos internos y externos. La vida se desarrolla en medio de un proceso de adaptación a estos estímulos. El hombre, a través del uso de su cerebro, va actualizando saberes que va aprendiendo, ya sea en procesos académicos de formación, o a través de capitalizar experiencias producto de las cuestiones que le van pasando en el transcurso de su vida, sin soslayar las lecturas, percepciones, escuchas, intercambios, lo artístico y todas las formas y maneras.

Luego de cada escalón nuevo que sube en este camino de comprender, de saber, de interpretar quién es y qué es lo que le ocurre y por qué le ocurre, va adquiriendo nuevas herramientas, nuevas aptitudes, y ejercitando nuevas actitudes, de modo de atravesar cada vez más fácilmente las situaciones que experimenta.

Cuanto más abierto a su experiencia esté, más va a comprender lo que sucede. Cuanto más conoce de sí mismo y de los demás acerca del funcionamiento biológico, psicológico y social, mejor va a ser su adaptación a las experiencias que la vida le presenta.

Cuando hablo de una adaptación mejor o peor a las situaciones de la existencia, me refiero a poder alcanzar y sostener su plenitud, su felicidad, a pesar de lo que pase a su alrededor.

Volviendo al principio, los estímulos externos e internos necesariamente pueden generar tensiones, pueden generar distintos tipos de estrés.

El proceso de convertirse en persona, el proceso de convertirse en un hombre autorrealizado, es el proceso de sostener un nivel de estrés que no vulnere o ponga en riesgo la salud de su sistema cuerpo-mente. Esto es, poder atravesar circunstancias de diferente intensidad y procesarlas de la mejor manera, de modo de no alterar, peligrosamente, su funcionamiento como persona humana. En la medida que procese sus emociones en el presente, en el aquí y ahora, en modo "on line", tendrá muchas más chances de sostener su estado saludable.

Las emociones no son positivas ni negativas

Muchos autores, incluido el Dalai Lama, clasifican a las emociones en positivas y negativas. Creo que incurren en un error, pues las emociones no son ni positivas ni negativas.

En realidad, es importante consignar que existe una base que da sustento a esta descripción, con la que no concuerdo. Entiendo que ayudará a comprenderla.

Todos los que esgrimen la diferencia entre emociones negativas y positivas, lo hacen en función del bienestar o el malestar. Desde ese lugar es que se manifiestan en ese sentido. No lo considero erróneo, pero sí incompleto y confuso para el conocimiento y el sentido de lo que las emociones significan para el ser humano.

Dicho esto, las emociones denominadas positivas son las que están acompañadas por el bienestar y las denominadas negativas están acompañadas por sensaciones de malestar.

Entonces, vuelvo a las emociones en general, y a la afirmación de que son todas necesarias para el desarrollo de la vida de los individuos humanos.

Insisto, las emociones no son ni positivas ni negativas.

Poseer emociones, portar respuestas emocionales, es una característica innata del ser humano, son parte inherente al hombre, respuestas a estímulos externos (como señala Antonio Damásio), por lo tanto, catalogarlas en positivas o negativas no me parece adecuado.

Ante situaciones de amenaza, reaccionamos experimentando miedo o temor. Ante agresiones e injusticias, reaccionamos con ira, como ante pérdidas con tristeza. Ante el cumplimiento de logros, con alegría, y así sucesivamente.

Hay quienes caracterizan a la tristeza como una emoción negativa. De ninguna manera avalo esta idea. No puedo afirmar que una pérdida sea negativa, pues es una parte del recorrido existencial. A lo largo de nuestra vida experimentamos pérdidas que, por supuesto, nos consternan, nos afligen, nos entristecen. No las podemos evitar pues, simplemente, las circunstancias y el devenir de nuestra vida ocurre, sucede. Podemos, y sería facilitador del crecimiento humano, que extraigamos enseñanzas de esas pérdidas, de modo de valorar lo que tenemos y que, por ende, nos agregue la posibilidad de poder ponderar mejor el día a día. Son una forma de reaccionar y nos permiten ir dándonos cuenta de que se trata la vida, como para que vayamos eligiendo qué es lo que queremos para nosotros, qué nos hace felices, en dónde estamos a salvo y en dónde podemos sufrir peligro.

Poseemos un intelecto, una conciencia para, recién después, optar y corregir el proceso de pensamiento, para ver qué hacemos con cada emoción, con cada respuesta emocional.

A su vez, hay emociones de tan breve curso que se alojan en la parte no consciente de nuestra mente, ocupando un espacio y generando consecuencias en nuestro comportamiento.

Nuestras acciones son producto de nuestra mente, nuestras necesidades y sus fundamentos están tanto en el consciente como en el no consciente. Intentamos satisfacer nuestras necesidades a través de nuestras acciones, de nuestras conductas, pero a veces no lo logramos, pues nuestra parte no consciente tiene las propias y acumula saberes y recuerdos que caminan, muchas veces, en sentidos distintos que los de nuestra conciencia.

Respuesta emocional

> "La Emoción y las reacciones relacionadas,
> están alineadas con el cuerpo."
> Antonio Damásio

El conjunto de combinaciones químicas que ocurren en el cuerpo, como consecuencia de un estímulo externo y que denominamos "emociones", constituyen una respuesta muy clara y eficiente a esos estímulos.

Nuestro sistema endocrino y nuestro sistema inmune ponen en marcha un mecanismo muy afinado y veloz para permitirnos reaccionar a lo que sucede fuera de nuestro sistema cuerpo-mente.

Si esas emociones son manifestadas, los otros que nos rodean pueden advertirlo claramente, esas reacciones químicas y esas sustancias, hormonas, neurotransmisores, tendrán un destino final adecuado para el desenvolvimiento sano de nuestro sistema humano.

La respuesta emocional tiene que ver con múltiples cuestiones. El conocerse a fondo, el aceptarse, sobre todo aquellos aspectos con los que no estamos de acuerdo de nosotros mismos, es un buen camino para poder, a su vez, conocer y manejar la respuesta emocional. Es un trabajo que nos lleva toda la existencia, por eso es tan importante revisarse, saber qué y por qué algo me enoja, me entristece, me perturba y, a su vez, qué es lo que me genera alegría.

También la meditación es una práctica que, con el tiempo, desarrolla el cerebro frontal, que es el que controla a la amígdala, verdadera torre de control de las respuestas emocionales. Sostener una práctica meditativa a lo largo de los años es otra manera de suministrarle a nuestro sistema cuerpo-mente una poderosísima herramienta para poder generar una pausa interna en la reacción, producto de un estímulo externo que desencadena la emoción.

En cambio, si por alguna razón impedimos su manifestación, la ocultamos o inventamos alguna máscara, desarrollamos una respuesta artificial a esos estímulos. Lo que ocurrirá, entonces, es que todas esas sustancias y procesos químicos que se desencadenaron tendrán un destino distinto al normal y funcional a nuestra homeostasis y nuestra salud. Esto puede ser perjudicial, tóxico y hasta, con el tiempo y su periodicidad inadecuada, generar síntomas o enfermedades.

Emociones manifestadas adecuadamente

Ante situaciones que producen ira o enojo, por lo general recurrimos al reclamo, que es una manera de manifestar inadecuadamente las emociones.

Es muy importante darnos cuenta, cuando tenemos la posibilidad de hacerlo, de cuál es el tipo de respuesta que elegimos en el momento en que nos sentirnos emocionados.

Muchísimas personas, sin darse cuenta, por supuesto, y en función de maneras aprendidas durante muchos años, eligen el reclamo como su forma de expresar las emociones.

El reclamo, el juzgamiento, el señalamiento, la crítica directa, con un adicional de adjudicación de una culpa o una responsabilidad, es una manera no adecuada ni madura de expresar una emoción.

¿Por qué digo esto? Porque por lo general una persona que recibe esto siente cierto grado de amenaza y, cuando esa persona se siente amenazada, lo que hace es esgrimir una actitud defensiva, elige una manera de reaccionar con alguna variante de otro tipo de reclamo o defensa, que puede tener cierto grado de violencia a nivel verbal o gestual.

Es por eso que el poder manifestar una respuesta, haciendo foco en nuestra percepción, en la manera en que recibimos el impacto del evento externo en forma privada, es lo que yo denomino una respuesta adecuada y madura en un contexto de relaciones humanas, adecuadas y maduras sin componentes tóxicos. Hablo de vínculos con características sanas y constructivas.

Los vínculos humanos que transitan por la comprensión, la empatía y la transparencia, suelen ser más facilitadores del crecimiento y el desarrollo de sus integrantes.

Procesamiento de las emociones

Una parte primordial para el sostenimiento de la alegría de vivir, el mantenimiento de la felicidad y el ejercicio de la plenitud existencial, es un buen manejo de las emociones, un adecuado procesamiento de los estímulos externos que generan emociones en nosotros.

Los hechos externos que producen reacciones que son llamadas emociones, pueden ser muy cortos en el tiempo y casi imperceptibles, o más extensos y claramente observables.

No obstante ello, habrá algunos de esos hechos que por sus características podré comprender y vivenciar explícitamente, y otros, ya sea por su brevísima extensión temporal o por su enorme impacto, no podré advertirlos conscientemente y su desarrollo y el acontecimiento ocurrido en el exterior de mí se alojará en el inconsciente o en el subconsciente, sin que yo lo advierta.

En todo caso, podemos afirmar que un componente muy sustancial en la posibilidad de perder la salud es no poder procesar las emociones de manera funcional a la forma en que debe vivir una persona.

No es bueno ocultar emociones, no es bueno negar emociones, no es bueno no atender ni darles un lugar esencial a nuestras emociones en el devenir cotidiano. Cuanto mayor registro tengamos de nuestras creencias, de nuestra disponibilidad al cambio, mayor será nuestra capacidad de procesar mejor nuestras emociones.

Capacidad de almacenar emociones

Nuestro cuerpo está delimitado hacia fuera desde el punto de vista físico por el órgano llamado "piel". La piel marca un límite del espacio que ocupa nuestro cuerpo. Hacia adentro, nuestros órganos poseen un límite en cuanto a su capacidad de procesar, ya sea cantidades de oxígeno, de comida, de toxinas, etc. Por encima de esos límites, nuestros órganos nos emiten señales, síntomas, para que tomemos nota, para que recibamos la información de que algo está mal en nuestro comportamiento. Que algo de lo que ponemos en práctica en nuestra ingesta, o en la calidad de aire que nos rodea, o en la manera en que nos abastecemos de agua, no está ocurriendo tal y como nuestro cuerpo necesita.

Del mismo modo, nuestra mente, es decir la inteligencia aplicada por nuestro órgano pensante llamado cerebro, puede admitir una cantidad de emociones no procesadas adecuadamente. Nuestra mente también tiene un límite y su ejercicio en el cerebro hará algo con eso, tomará nota y pondrá en marcha distintos mecanismos para que nosotros podamos comprenderlo y darnos por enterados.

Los mecanismos que la mente elige son de dos tipos, psicológicos y físicos. Las acciones que el cerebro pone en marcha podrán ser señales a las glándulas que fabricarán hormonas, que serán arrojadas al torrente sanguíneo para alcanzar su destino y generar respuestas.

Se puede alterar la forma de funcionar de algún órgano, debido a desajustes en cuanto a las sustancias que debe recibir y debe reenviar hacia otros sectores, provocando anomalías orgánicas que a veces pueden corregirse y a veces no.

Si pueden corregirse, al advertirlas el ser humano buscará encontrar la causa y su modificación de manera de recuperar el equilibrio homeostático para evitar los desarreglos que conducen a la enfermedad.

A su vez, desde el costado psíquico, podrán aparecer comportamientos adecuados o, por el contrario, podrán aparecer bloqueos o comportamientos nuevos que podrán ser diagnosticados como ataques de pánico, trastornos de ansiedad, fobias y hasta desajustes mayores como delirios o alucinaciones, o ideaciones muy lejanas de la realidad que nos rodea.

Conocer nuestro cuerpo, nuestra mente, nuestro complicado sistema biológico psíquico, será tal vez uno de los más grandes desafíos con los que se enfrenta el hombre para sostener la salud, a pesar de los acontecimientos que atraviesa a lo largo de su vida.

Las emociones te permiten corregir el camino

Sentir tristeza, llorar, da cuenta de situaciones externas que invitan al cuerpo a manifestarse y reaccionar. Acercarse a la tristeza y permanecer allí es el primer paso adecuado para la salud.

Detectar qué cuestión, qué situación, qué hecho de afuera constituyó el estímulo para esa emoción, es el primer paso para poder modificar, cambiar, elegir diferente o tal vez no, tal vez darnos cuenta que debemos transitarla inexorablemente.

La emoción, cuando se puede identificar claramente aquello que la dispara, nos ofrece la oportunidad de modificarnos y de ampliar nuestro campo perceptual, de modo de crecer en el largo y profundo camino de convertirse en persona. Qué es lo que no quiero repetir, qué es lo que quiero intentar percibir distinto, qué es aquello me hace cambiar el lente, para leerlo distinto.

El conocerse más es, también, un mecanismo para poder vivir mejor. Mientras crecemos, maduramos, vamos cambiando el lente que ponemos entre los hechos y nosotros. Vamos introduciendo cambios en las percepciones, en la manera en que nos permitimos recibir los hechos que ocurren a nuestro alrededor.

Si podemos, con el auxilio de las emociones, ir ampliando nuestro campo perceptual, si podemos ir incorporando mayores espacios de experiencia a nuestra conciencia, podemos caminar hacia mayores grados de integración con nosotros mismos, con aquel que vive dentro nuestro.

Si podemos aceptar más naturalmente los acontecimientos que ocurren a nuestro alrededor, los modos de los demás, las decisiones de los otros, podemos acompasar la vida más amablemente, con menos sobresaltos y mayor armonía.

Sin dudas que advirtiendo lo que nos pasa en nuestro devenir cotidiano podremos tener la posibilidad de corregir el rumbo, introducir modificaciones, para planificar nuestro recorrido y ser más felices.

Emociones, una manera de adaptación

Siguiendo con lo anterior y poniéndolo en otras palabras, en realidad las emociones son una de las maneras que tiene nuestro organismo para adaptarnos al medio. Indudablemente, lo que ocurre a nuestro alrededor nos impacta, hace blanco en nosotros y recibimos su influencia. Hechos ocurren a diestra y siniestra, todo el tiempo, todos los días, y nosotros reaccionamos en función de ellos y de las creencias que sostienen el elemento traductor de esos hechos hacia adentro de nosotros.

Las creencias y las costumbres, en definitiva la cultura en la que vivamos y a la que estemos adheridos, será la que defina la reacción emotiva que manifestemos en el cuerpo.

Salvo algunas cuestiones muy generales, cada persona reaccionará ante los mismos estímulos de un modo distinto en calidad e intensidad. Si presiento temor al caminar por una calle determinada, corregiré el rumbo y elegiré otro camino para llegar a mi destino. Si me dan una noticia que yo considere un logro importante, manifestaré una alegría que será una devolución al que emite la noticia. Si alguien toma alguna decisión que me involucra y que percibo como injusta, tal vez el sentimiento de ira asociado me provoque una indicación de la magnitud de la injusticia y de ese modo pueda leer la realidad, ajustada a mi organismo bio-psico-social.

El conjunto de reacciones emocionales constituirán un sistema de adaptación de mi persona, de mi organismo, al medio en el que me muevo. Este sistema me permitirá ir corrigiendo mis rumbos y decisiones. A su vez, estas correcciones de rumbos y de decisiones, me proporcionarán una manera de sostener mis deseos, la obtención de mis objetivos, la satisfacción de mis necesidades.

La amígdala, el órgano emocional

Se encuentra en la parte más profunda del cerebro y es la responsable de la respuesta a los estímulos, que dan lugar a la respuesta emocional. Pertenece al sistema límbico, es del tamaño de una almendra pero tiene una importancia central en la vida de todos nosotros. Es como una sala de máquinas, como un centro de control desde donde parten las órdenes para responder a los estímulos que nos llegan desde afuera del cuerpo.

A su vez nos ayuda a registrar en conexión con las neuronas los hechos emotivos más significativos de nuestra vida. Gracias a ella retenemos la memoria emotiva de nuestra vida.

La memoria guarda preferentemente los hechos de nuestra vida, asociados a una emoción intensa, sea del tipo que sea. Por lo tanto, nuestros recuerdos más importantes están asociados a este órgano tan particular y especial con el que contamos los humanos. Y es muy importante para la supervivencia. La amígdala tiene como función principal coordinar las emociones con las respuestas que son consecuencia de éstas, de tal manera de desembocar en las respuestas fisiológicas y la preparación para las respuestas actitudinales.

Es la sala de control que interviene entre los estímulos y las respuestas, controla las emociones y sentimientos del cerebro. La estrecha vinculación con el lóbulo frontal del cerebro permite la atenuación o magnificación de las respuestas conductuales.

Emociones y meditación

Mucho se ha hablado y escrito sobre la influencia que tiene la meditación en la respuesta emocional. En efecto, meditar logra aquietar el funcionamiento de los pensamientos, enlentecerlos hasta hacer, muchas veces, que se detengan. La cadencia en la pronunciación del mantra, la repetición de la atención en la respiración, en la entrada y salida del aire en el cuerpo, van logrando calmar y serenar los pensamientos. Nuestro ritmo desciende y esto despeja la mente, como para estar en buenas condiciones para enfrentar las situaciones de la vida. También, incorporamos una dosis de calma, que nos invita a la pausa ante lo perentorio de los eventos externos.

Cuando se medita regularmente y durante mucho tiempo, se logra desarrollar fuertemente el lóbulo central del cerebro lo que, a su vez, determina una amortiguación en la respuesta a las emociones.

El lóbulo central, como dijimos, controla la respuesta de la amígdala. Es una sencilla descripción, de la cadena fisiológica que se produce por efecto de la meditación repetitiva y a lo largo de mucho tiempo. Con lo cual el ejercicio constante y periódico de la meditación se convierte en una acción virtuosa, permitiéndonos desarrollar ese colchón para amortiguar las reacciones de modo que sean facilitadoras del buen vivir.

Podemos educar a nuestras emociones

Zambulléndonos en nuestras profundidades podemos emprender la tarea de ir descorriendo un velo inmenso para poder advertir todo eso que se encuentra detrás.

El proceso enigmático e intrépido de bucear y bucear en nuestros propios abismos nos enfrenta con la tarea de deconstruir las estructuras que nos fueron impuestas, que nos lastiman y que, recién de adultos y empuñando la madurez necesaria, podemos derribar. Y, en definitiva, elegir cuál de las estructuras nos suman y cuáles nos restan. Es un camino de idas y vueltas, de subidas y bajadas, de tristezas y alegrías, zigzagueante, serpenteante, el que emprendemos hacia nuestros implícitos.

A medida que avanzamos, vamos tomando pequeños pedacitos de oscuridad y los vamos arrojando hacia la pila del consciente, hacia la montaña de la simbolización, hacia el lugar de la luz. El tiempo y la paciencia son insumos básicos para esta tarea. Los necesitamos como necesitamos el aire que entra en nuestros pulmones para mantenernos con vida.

Los aspectos que pueblan nuestro escenario van siendo iluminados con la cadencia de un artesano y la obstinación y tenacidad de un arqueólogo. Esta tarea, que es inexorablemente necesaria para nuestra evolución, va mostrándonos opciones y más opciones, de tal suerte de ir eligiendo, optando. Y, al mismo tiempo que lo hacemos, los contornos, abismos y pliegues de nuestras emociones, se nos ofrecen en una danza que nos lleva muy despacio, muy suavemente a su educación. Sin darnos cuenta, casi, vamos educando nuestras emociones, las vamos puliendo, conociendo, pues estamos en la misma sala de máquinas, en el mismo centro de nuestro ser.

Me apasiona y me conmueve percibir lo que brota de mí hacia esta hoja, me conmueve el proceso de conocerme y conocerme, y las palabras brotan y brotan al compás de una música que no es otra que mi música, que no es otra que la música que me acompaña desde aquel instante en que la luz iluminó mi piel y el aire inundó primordialmente mis pulmones.

La manera en que mi conducta da respuesta a mis estímulos externos, la manera en que respondo al afuera que me estimula, al afuera que me impulsa a moverme, va como contorneándose, como tallándose y esas respuestas, esas emociones, van asistiendo a clases, van educándose para subir los peldaños del desarrollo del hijo de mi padre, que pugna y pugna por seguir siendo y creciendo hacia el horizonte que voy trazando con toda la amorosidad que me es posible.

Nos pasan cosas, caminamos la vida, accionamos, reaccionamos, nos nutrimos, nos lastimamos. Nos dañamos y dañamos a otros, de eso se trata cuando digo lo que digo, cuando expreso lo que expreso. Se trata de deslizarnos por el sendero intentando herir menos, dañar menos, sangrar menos a nosotros y a los otros.

Educar nuestras emociones pero sin dejar de ser aquel que somos y sin alejarnos de nuestro eje. Educar nuestras reacciones para que nuestro comportamiento fecunde nuestra existencia con la magia que puede hacerlo. Fertilizar el camino, germinado humanidad, cosechando amor. Ejerciendo la existencia con mayores grados de compasión, con mayores espacios para el gigantesco despliegue del que somos capaces.

Nos constituye lo vincular, pues lo gregario que somos se presenta a cada instante. Lo gregario hacia adentro y hacia fuera.

Nuestros aspectos se sientan a la mesa y juntos se construyen, conviviendo mejor, respetándose más. De tal suerte que eso que vincula, que eso que conecta hacia ambos lados de lo que somos, siga subiendo, elevando, instruyendo, educando, siendo, sintiendo más, mucho más cerca, cerca de ese que somos y que seguiremos siendo.

Respuesta fisiológica

Como ya lo consignamos, es una suerte de muchas combinaciones químicas que se suceden en el organismo, pero lo que se advierte es un abanico muy grande de manifestaciones corporales. Una cara que se pone pálida como el papel, en donde la sangre se ha retirado del rostro, podemos entenderla como una reacción a alguna situación de riesgo.

La sensación de vergüenza, suele conllevar un rostro más colorado que lo habitual, que se llena de sangre por debajo de la piel, denotando un color más intenso. Puede haber llanto, sudoración, temblor, mareos, etc. Lo importante es poder conocer nuestras reacciones, de modo de no asustarse por ellas, pues, sucede a veces, que la reacción produce temor y la situación puede empeorar por la desmesurada reacción a la reacción del cuerpo.

La amígdala, como torre de control, emite las órdenes adecuadas para cada estímulo.

Si hay temor y deberemos huir para ponernos a salvo, las glándulas suprarrenales enviarán sustancias ricas en azúcar para alimentar los músculos que deben poner rápidamente a las piernas en movimiento.

La adrenalina y la noradrenalina nos dan la posibilidad de aumentar la fuerza de los músculos, de tal suerte que vemos que bajo el efecto de emociones, los hombres alcanzan una potencia física muy por encima de lo habitual.

La defensa de la integridad física o de la vida misma, provoca una reacción tal que el despliegue físico llega a ser extraordinario. Allí, el mandato ancestral emerge con mucha fuerza, porque viene del principio de los tiempos y nos grita que tenemos que salvarnos como especie.

Los recuerdos son mayormente emocionales

Los recuerdos son el contenido de la memoria, aquellos hechos que ocurrieron en el pasado. Los hay de todo tipo, recuerdos que nos hacen sonreír al instante, recuerdos que nos dejan mudos o absortos, un gran espectro de variantes de aquello que, de pronto, se hace presente en nuestra conciencia.

Son situaciones que acontecieron en algún momento de nuestra vida pasada, desde el instante en que obtuvimos el uso de la razón, pues también los hay desde antes.

Cuando me refiero desde antes, me refiero a que podemos sentir recuerdos no muy claros sobre lo que sintió nuestro cuerpo en formación en la panza de nuestra madre. También, antes de acceder al uso de la conciencia. Son huellas mnémicas, sensoriales, que no pasan por el intelecto, pero que dejaron un registro.

El bebé en formación, antes de nacer, recibe la felicidad o la infelicidad de la madre, recibe la tensión o el estado de relajación que siente la madre. Advierte la manera en que se acerca alguien a ese mundo inundado, en el que nada y se mueve. Luego de nacer, el bebé es una esponja que absorbe muy fuertemente la atmósfera en la que vive la familia o el grupo familiar en el que se desarrolla.

De todo esto se desprende lo importante que es que se haya conformado una pareja sólida, con mucho amor y comprensión mutua, para proporcionarle no sólo el alimento físico, sino una atmósfera agradable, apacible y favorecedora del desarrollo saludable.

Volviendo a los recuerdos en general, estarán disponibles aquellos en los que los hechos están asociados a situaciones emotivas, ya sea alegría, tristeza, vergüenza, bronca, asco, etc., etc.

Sin dudas, aquellas situaciones en las cuales la tensión fue mucha y la contención poca, es probable que queden guardadas en el espacio no consciente de nuestra mente. Cuando el dolor fue tan grande que no podía ser soportado, es altamente probable que ese hecho haga un viaje sin escalas al no consciente.

Es esencial señalar la diferencia de dos estadios, la tensión o emoción y su intensidad por un lado, y la contención y la respuesta de los demás y la nuestra como consecuencia de ese episodio.

Una parte es lo que ocurre en sí mismo, lo que advertimos, lo que alcanzamos a sentir, rodeado de un ambiente emocional.

La otra parte, y que tiene un rol esencial es, sobre todo en la niñez, la respuesta de nuestros padres u otros significativos, como abuelos, tíos, personas más grandes.

No es lo mismo un hecho doloroso o hasta sangriento que se superpone a una contención, a un abrazo, a caricias, que un hecho luego del cual hubo frialdad, y lejanía afectiva, falta de contención. El impacto en un niño es totalmente diferente. Una cosa es un susto, y otra cosa es el desamparo luego del susto.

Muchas veces nuestra mente, nuestro aparato psíquico, no alcanza a poder procesar una situación así y la guarda en algún lugar no disponible.

Repasando las ideas, los recuerdos asisten a la consciencia en forma fluida y, en mayor medida, cuando la emoción asociada al recuerdo es importante en un sentido de alegría o de dolor o tristeza.

Es muy fácil recordar una y otra vez situaciones placenteras y duraderas del pasado o situaciones dolorosas, aunque la mente – esto depende de cada uno y de lo que hace con sus pensamientos– se recueste en lo que se recibe como positivo o como negativo.

Acá volvemos a nuestra idea fuerza, que cada tanto emitimos. Podemos educar nuestros pensamientos de modo de elegir la sumatoria de todo lo que "hay" a nuestro alrededor o de todo lo que "nos falta" a nuestro alrededor. Nuestra mente hace un filtro muy sutil sobre los recuerdos. A lo largo de nuestra vida, vamos atesorando todo lo que nos ocurre, de modo que nada se escapa, todo lo tenemos dentro. Nos dice el maestro Eugene Gendlin, que "el inconsciente es el cuerpo", todo lo tenemos guardado en algún lugar.

Surge lo guardado: Focusing

A veces, aquello que está guardado en el espacio que no es consciente en nuestra mente y que fue doloroso, genera un síntoma corporal. Un abordaje eficiente y rápido para que salga a la luz es la técnica del Focusing.

Eugene Gendlin, sucesor de Carl Rogers, filósofo austríaco, postuló el Focusing, que es una verdadera obra maestra, como el arte de dar a luz a situaciones guardadas y de difícil acceso cuando generan un síntoma o dolor físico. Vale aclarar aquí que debe mediar, entre la apreciación del síntoma o signo corporal y el abordaje del Focusing, una completa revisión médica para descartar una enfermedad del cuerpo y la necesidad de la ayuda de la medicina.

A veces, las emociones encriptadas generan síntomas previos a enfermedades, o directamente una de ellas, y a veces generan síntomas que nos hacen sufrir y nos generan dolor, pero no producen enfermedad en sí mismos.

El uso del Focusing como abordaje terapéutico desde el Counseling nos permite conocer esos aspectos, esas situaciones guardadas, esas partes nuestras que duelen, y ayudarlas a que se den a conocer, que aparezcan, que podamos detectarlas, recibirlas, conversar con ellas, preguntarles qué necesitan de nosotros.

De esta manera, que no explicaré en detalle ahora y que desarrollé en mi libro anterior *Yo soy los otros,* podemos acceder a eso oculto, a eso que no se develaba y generaba complicaciones para la vida o, directamente, una enfermedad.

Duración de las emociones y los sentimientos

Es muy importante consignar que las emociones son intensas y puntuales, que los sentimientos son más duraderos y no tienen que ver con una situación determinada. Yo puedo reaccionar de manera instantánea e impulsiva a una situación de agresión o violencia en la que me veo involucrado. Pero cuando pienso en situaciones de violencia en general, la respuesta es un sentimiento relacionado con todas las situaciones en las que me vi envuelto o me puedo ver envuelto, que tengan que ver con la violencia.

El sentimiento es más duradero y mucho menos intenso que la emoción. La emoción debería durar el tiempo que dura el estímulo que la provoca. Cuando dura más, es importante revisar el motivo. Tal vez la manera en la que la persona se toma las cuestiones le agrega un plus personal a la situación emocional. No es bueno tener una respuesta más larga que el estímulo, pues implica un desgaste y una carga de más, respecto de la necesaria respuesta del organismo.

Sentimientos

Utilizando las palabras y los desarrollos de Antonio Damásio, podemos decir que los sentimientos son las respuestas a los estímulos de la mente. El territorio de los sentimientos es la Mente. Los sentimientos tienen los mismos nombres que las emociones, a saber, temor, amor, alegría, vergüenza, odio, ira, asco, etc. La diferencia, insisto con esto, es que las emociones son respuestas a estímulos externos al cuerpo y que su territorio es el cuerpo.

Volviendo a los sentimientos, podemos decir que son la representación del estado de la persona, entera, en cuerpo y alma. También nos podemos arriesgar a hablar de una representación de un estado del Ser. Y dan cuenta de cómo estamos los seres humanos.

Si repasamos lo que sentimos, podemos hacernos una idea de cómo estamos, cómo estamos transitando nuestra vida hoy.

Pasiones

Hay muchas definiciones que intentan dar cuenta de esa situación, acción, actitud que denominamos pasión. Lo que más se acerca a mi idea de pasión es una fuerte atracción con importante motivación por una persona, una actividad, una idea, un proyecto. Es un importante interés que tiene continuidad en el tiempo y que excede claramente a una emoción.

El latín, nos dice que la palabra original, patior, da cuenta de sufrir o sentir. Cuando se habla de la pasión de Cristo, se habla del sufrimiento de Cristo previo a su muerte en la cruz. O sea, que bien puede ser un sufrimiento o un goce de gran intensidad que se vuelca a la acción.

En nuestra vida actual, postmoderna, percibo más a la pasión como cercano al sentimiento sobrepuesto a una gran motivación.

Una persona que está apasionada, no es que esté pasiva o quieta, es una persona a la que se percibe en movimiento, un movimiento que ha sido iniciado para ir en pos de aquello que "lo apasiona".

A su vez, también se habla de un amor apasionado, que daría cuenta de un amor con mucho movimiento, con mucha acción, diferenciándose de un amor tranquilo. También, cuando se habla de un crimen pasional, estamos en presencia de una acción de dañar a otro con la sumatoria de esa fuerza, intensión y motivación.

Pasión, es estar arriba y no abajo.

Pasión es energía, mucha energía, puesta en juego.

Estar apasionado es tener energía adicional a la necesaria para agregar a la acción puesta en juego.

Un beso apasionado es un beso muy intenso, muy explícito, en donde no caben dudas que hay mucho movimiento, mucha energía, mucha fuerza.

Un crimen apasionado implica mucho más movimiento y esfuerzo del necesario para llevarlo a cabo, por ello la cantidad, digamos excesiva (como si hubiera una cantidad para algo dentro de un crimen) de puñaladas, de disparos, de golpes, etc.

Estar apasionado es contar con un tanque extra, con más combustible, con una mayor fuente de poder. Estar apasionado "es estar muy vivo, muy vital".

Compasión

La podemos definir como estar o compartir el sufrimiento de un semejante. Acompañar a una persona que sufre para intentar aliviarle ese sufrimiento, intentar llevar junto con él la carga que el sufrir implica. Tener una actitud compasiva debería ser una de las condiciones básicas para ser considerado persona.

Que el acontecer ajeno no me resulte lejano. Que no me implique lo mismo saber que alguien, saber que otro, está atravesando por una situación difícil. Una persona compasiva necesariamente es una persona valiosa para los demás Y acá hago claramente hincapié en la lejanía del concepto de persona valiosa por la cantidad de bienes que ese ser humano posea.

Vocación

La vocación es un llamado de nuestro interior que tiene que ver con seguirlo para dar a nuestra existencia el sentido de la realización. Cada uno tiene, en algún momento de la vida, una voz interna que nos habla y nos dice hacia dónde ir en lo que tiene que ver con aquello que se configura como nuestro rumbo en la vida.

¿Qué es lo que quiero hacer? ¿A qué me quiero dedicar? ¿Qué quiero estudiar? A veces es muy temprano este llamado. Pero casi siempre tiene que ver con algo que hemos visto, observado, escuchado, que nos resulta muy en línea con nuestro propio ser, con nuestra propia plenitud. Esa vocación viene desde lo profundo de nuestro ser. No sabemos desde cuándo se fue gestando y, tal vez, no importe saberlo. Lo esencial es advertir esa señal, ese fuego sagrado cuando se manifiesta, para darnos cuenta de que ese que somos está gritando y pidiendo que miremos atentamente el camino para no perdernos y así poder elegir la bifurcación adecuada. Es como un guía interior que se hace presente y nos marca el objetivo, nos indica por dónde, nos señala el horizonte.

Las emociones tienen vida propia

Hago tanto hincapié en el procesamiento de las emociones porque podemos decir que las emociones tienen vida propia cuando no han sido procesadas adecuadamente y en su tiempo.

Cuando la respuesta emocional se posterga, se guarda, se demora, se encripta, aunque desde lo consciente, de alguna manera podamos decir que ha desaparecido, tenemos que consignar que tiene vida propia y esa vida propia es enigmática.

Es muy difícil seguir cuál es el derrotero de las respuestas no manifestadas en el sistema mente-cuerpo. Decididamente tenemos que decir que, al tener vida propia, no sabemos cuál puede ser el destino de su circulación por nuestro sistema bio-psico-social.

Un duelo no resuelto, una emoción no canalizada, es como si fuera una entidad con albedrío libre y enigmático dentro del cuerpo. No sabemos cuál será su destino ni las consecuencias de su accionar.

Puede alojarse en un músculo y generar un dolor muscular, puede deambular por años por el cuerpo sin dañar o puede disparar una enfermedad a largo plazo.

De ahí la importancia y la repetición y el énfasis que le doy al manejo de las emociones. Es impredecible el alojamiento final de ellas.

Obviamente que hay emociones y emociones, hay estímulos y estímulos, y dependerá de la magnitud, también, su consecuencia.

Nuevamente, insisto en hacer un registro y no evitar su manifestación hacia afuera del cuerpo. La idea es acostumbrarnos a decir y compartir, ya sea en un ámbito privado de intimidad o un ámbito terapéutico, todo aquello que nos ocurre, lo que nos influye, lo que nos impacta, lo que nos conmueve.

Sentirnos libres, sentirnos seguros y en confianza con nosotros mismos, nos permite emanar aquellos mensajes con la naturalidad del hombre entero y maduro.

Ejercicio - Emociones

A) Me tomo unos minutos en soledad y me concentro en recordar las últimas veces en las que reaccioné, ante algo que ocurrió delante mío. Las escribo:

....
....
....
....
....
....
....
....
....

B) Mientras las leo, intento recordar las sensaciones corporales que percibí en cada una.
Las escribo:

....
....
....
....
....
....
....

....

....

C) Repasando A y B, reflexiono sobre cada uno de los casos escritos, y pienso si pude haber reaccionado de un modo distinto.
Lo escribo:

....

....

....

....

....

....

....

....

....

....

D) Reflexionando sobre lo anterior y, en función de mi experiencia de vida, ¿qué cuestiones siento que puedo trabajar sobre mi desarrollo personal a través de un Proceso de Counseling?
Las escribo:

....

....

....

....

....

....

....
....
....
....

Capítulo 2

Salud y enfermedad

Ser sano y permanecer sano

Según las últimas resoluciones de la Organización Mundial de la Salud, estar sano no es simplemente la ausencia de enfermedad, es mucho más que eso. Estar sano es sentirse amado y poder amar, vivir en un lugar mínimamente cómodo, acceder a alimentos y educación, relaciones culturales y afectivas que en conjunto me permitan ser feliz y sentirme pleno. Tener un propósito y poseer un sentido para ejercer la existencia es también tener una buena salud. Ahora bien, ¿por qué le damos tanta importancia al procesamiento de las emociones? Porque de ello dependerá, en buena medida, nuestra salud y supervivencia.

Génesis de las enfermedades

Es importante consignar que, salvo aquellas enfermedades en las que las causas son muy directas y explícitas como el hecho de recibir un virus o una bacteria, la mayoría son multicausales. Por lo tanto, podemos decir que fumar es una causa de muchas enfermedades, pero no todos los fumadores contraen enfermedades. Tomar alcohol en grandes cantidades es causa de muchas enfermedades, pero no todos los que consumen mucho alcohol se enferman. De la misma manera, no todos los que guardan emociones se enferman, pero guardar emociones, no exteriorizarlas y no tramitarlas adecuadamente es una causa clara de enfermedad.

Salud mental y presiones

Nuestro cerebro y nuestro sistema nervioso tienen una tarea muy importante. El primero es el gran centro de control y, el segundo, es el sistema por el cual este centro se comunica con el resto del cuerpo.

Los importantes descubrimientos de los últimos años han demostrado que hay células que funcionan como neuronas, con memoria incluida, en el corazón y en el intestino. La mente ya no está sólo en el cerebro, está también en esos dos órganos. A través de la ciencia, se van comprobando afirmaciones de Baruch Spinoza en el siglo XVII, como que "la mente está en el cuerpo y el cuerpo está en la mente".

La mente, superpuesta o inquilina del sistema nervioso, recibe innumerables estímulos, externos e internos, que debe administrar como una sumatoria de un maestro equilibrista circense, un contador avezado y un gran líder experto en la toma rápida de decisiones. Es una central general de recepción, procesamiento y emisión de decisiones y, luego, de acciones, respuestas al fin necesarias para sostener la homeostasis. Estas miles de respuestas, en cuanto a la producción de sustancias, impulsos, cambios químicos, etc., se realizan todo el tiempo en que estamos vivos y hasta un rato después de haber sido declarados muertos.

Dentro de los estímulos que llegan a nuestra CPU*, las presiones de la vida son una parte muy importante. Estas presiones son maneras en que percibimos nosotros lo que ocurre a nuestro alrededor y que, obviamente, son percibidas como presiones sobre la estructura de nuestra misma persona.

Presión arterial

La medicina nos explica las causas del aumento de la presión arterial. Nos dice que el endurecimiento de las arterias y su pérdida de elasticidad, es una de las causas principales de su incremento a partir de una cierta edad.

El ser humano, desde que toma conciencia de su muerte, desde que construye una personalidad, desde que incorpora ideas que lo van marcando, empieza a elegir y a dejarse llevar por sus propias elecciones y descarta cuestiones que no le interesan. Se inician las luchas internas entre lo que quiere y lo que no quiere, y empieza a enfrentarse con aquellas cuestiones con las que no puede pero desea. Se inician combates internos, a veces conocidos, a veces no conocidos, pero, ambos impactan en el cuerpo. Tanto lo consciente o simbolizado, como lo no consciente, impacta en el cuerpo y nos envía señales, síntomas, sensaciones, dolores. Dentro de esta gama de reacciones corporales, algunas son, además de físicas, químicas. Se alteran las sustancias, se alteran las mediciones cuando hacemos un chequeo.

La presión, a su vez, puede elevarse por el simple hecho de tener dentro nuestro una lucha interna o varias. La paz interior, la calma

---

*Unidad Central de Procesamiento. Esta terminología se refiere al corazón de cada computadora.

interior, la armonía interior, son condiciones básicas y necesarias para mantener niveles de presión arterial normales. Encontrar las causas de la lucha mental, identificar a los contrincantes y darles un camino para su resolución, es también una manera de ponernos a salvo de un enemigo tan oculto como poderoso como es la hipertensión arterial.

Explosión hacia la salud

¡Qué liberación llega a mi cuerpo cuando me permito lanzar al aire un grito, una exclamación, un alarido que da cuenta de toda la energía interna que nunca fue exhalada hacia el exterior!

Es una alegría del alma, como cuando el agua de lluvia empieza a caer sobre mis hombros y mi cuerpo, y puedo detener mis temores a la gripe y dejar que la naturaleza se explaye sobre mí. Bailar bajo la lluvia, gritar, correr, manifestar algo de lo que mora en mi interior y que pugna por salir. Me siento saludable, se van las tensiones, emerge la vida con la potencia de ser vivida sin estrés.

La sonrisa se aposenta en mi rostro, río, salto y manifiesto mi profunda decisión de vivir y sentir hacia el afuera de mí. Me refiero a salir de ese corset, de ese corralito de prevención, de cuidado muchas veces obsesivo que nos han impuesto nuestros mayores en el afán de cuidarnos.

Nos vamos educando, nos van educando, construyendo a nuestro alrededor, límites, espacios a no ser transgredidos, que no deben excederse. ¡Cuánto hay de esto! Cuántos aspectos debemos cuidar para no desagradar a papá y a mamá, de modo de poder "estar seguros", y eso nos va cargando, nos va insuflando una tensión creciente.

¡Cuántas cosas no podemos hacer para dar tranquilidad a nuestros mayores a lo largo de nuestra infancia y adolescencia! Y, cuántas de esas marcas nos quedan adentro, permanecen grabadas durante toda la vida.

Es por eso que, cuando se van cayendo algunos de esos nudos, cuando se van desatando, cuando empieza a entrar el aire desde afuera y nos vamos como dando permiso para elevar la voz, para saltar, para otorgarnos el placer de colocar otros límites, otros espacios y otros volúmenes para darnos más posibilidad de maniobra, sentimos una inmensa sensación de bienestar. Es de esa liberación de la que hablaba al principio.

A medida que el hombre se enfrenta con mayores espacios de libertad, a su vez se enfrenta con mayores espacios de placer. Mayor libertad, mayor expansión, mayor explosión, mayor liberación, más placer, más descarga, más plenitud, más bienestar. Qué palabras grandes, que dan cuenta de grandes posibilidades.

Nuevamente, llegan otras palabras como desarrollo y despliegue. Me imagino elevación, me imagino crecimiento y también siento, ahora que lo escribo, como un inflarme con más aire, con más oxigeno, con más prana, alimento cósmico, energético, para subir en la escala humana, en la escala evolutiva. Como subiendo a una escalera tomando aire, inspirando, un poco más, un poco más de oxigeno, de alimento, para ser más, para sentir más. Y, en ese sentir más, en ese ser más, plenificar más a ese que somos.

¡Bienvenida la explosión hacia la salud!

Tenemos una farmacia dentro nuestro

Desde chicos nos acostumbramos a ingerir pastillas, jarabes, medicamentos en general para atacar dolencias: dolores de cabeza, de estómago, mareos, gripes, fiebres, etc. Nuestra vida se acostumbra a "solucionar" aquello que nos perturba desde el funcionamiento del cuerpo con elementos externos, en forma inmediata. Es un accionar automático, una reacción de estímulo y respuesta, que se torna en una parte habitual de lo cotidiano.

En realidad, en la mayoría de los casos, la diferencia entre sentirnos mal y sentirnos bien se trata de tiempo. Sí, de tiempo entre que el cuerpo detecta la anormalidad y encara los mecanismos para volver a la homeostasis.

La inmensa mayoría de medicamentos que compramos en la farmacia están dentro de nosotros de distinta manera, con distinta forma, pero están. Entonces, podemos afirmar que se trata de educación, se trata de costumbre, se trata de cultura, el esperar a que actúe el cuerpo y ayudarlo a que lo haga, o salir inmediatamente a la farmacia a comprar la pastilla de que se trate.

Por supuesto que ante circunstancias en las que esté en peligro la integridad de alguna de nuestras partes sensibles, debemos actuar sin dilación. No nos podemos exponer a elevados niveles de presión arterial. Pero en muchos casos, como las dolencias comunes y conocidas por nosotros como dolores de cabeza, de estómago, de cuello o alguna fiebres o febrículas, con práctica y constancia podemos detectar sus raíces, podemos darnos cuenta de las causas, y otorgarle al cuerpo la chance de que haga su trabajo sin interferencias externas.

Un famoso médico en Buenos Aires solía decir, hace ya muchos años, que la gripe se curaba con antibióticos en siete días y la gripe sin antibióticos se curaba, también, en siete días. De esto hablo cuando hablo de darle tiempo a nuestro cuerpo para que esté más cerca de lo natural y se aleje de la ingesta de elementos externos.

Hay mucho que podemos hacer para vivir mejor, para estar más saludables, tomar menos medicamentos es una de ellas.

El buen humor

El buen humor sube las defensas, nuestro sistema inmune es más amigo del buen humor que del mal humor. Estar contento, alegre, de buen talante, de buen humor, nos manifiesta que la persona está bien, está a gusto, está transitando su vida de un modo saludable. Estar alegre favorece al mantenimiento y al aumento de nuestra inmunidad, evita contraer enfermedades, genera una barrera a la posibilidad de ser víctimas de numerosas dolencias.

El mal humor, el enojo, la ira, la bronca, el resentimiento, lo vengativo, por el contrario, tiende a bajar las defensas, es un caldo de cultivo para la aparición de circunstancias favorecedoras de enfermedades.

Vamos de vuelta, no todos los que están de mal humor enferman ni todos los que están de buen humor son siempre sanos. Estamos señalando actitudes ante la vida que favorecen o dificultan el funcionamiento de nuestro sistema inmune. La complejidad de nuestro sistema bio-psico-social es enorme y nunca hay una causa directa, pero si prestamos atención a todos aquellos estímulos facilitadores de la salud y su mantenimiento, mucho mejor.

Siempre un chiste, un gag, una salida risueña, afloja tensiones y relaja. Una de las bases de la filosofía Zen es reírse de uno mismo. Sí, nada menos que reírse de uno mismo hace bien a la salud.

La extrema rigidez está asociada a la extrema seriedad. Podemos seguir en una gama decreciente y llegar hasta la elasticidad y la jovialidad, la elasticidad y la alegría, y el buen humor tiene que ver con la alegría.

Siempre podemos profundizar y agregar que las personas más seguras están más cerca del buen humor. A su vez, para una persona con poca seguridad, el buen humor puede percibirse como una amenaza, como algo hostil, incluso puede creer que se están riendo de él cuando lejos está la situación de pasar por allí.

Volvemos, como tantas veces, a encadenar la confianza básica en sí mismo con la seguridad en sí mismo. Cuando me siento seguro estaré más afirmado en mi persona y el afuera de mí tendrá menos peso e influencia. Por lo tanto, el buen humor va a ser parte de un afuera que puedo compartir libremente e, incluso, puedo generar con la soltura de mi buen vivir, elástico y pleno.

Bienvenido el buen humor hasta en las peores circunstancias, porque claramente siempre favorecerá el tránsito existencial, será un buen compañero de ruta. Bienvenido el buen humor, la risa y la graciosa complicidad.

Tus células escuchan lo que piensas

Me gustaría compartir con ustedes un breve resumen del libro *Las moléculas de las emociones* de Candance Pert,

Lo doctora Pert descubrió una molécula situada en la membrana celular que es un receptor de opiáceos. Estos receptores son proteínas que esperan que les llegue una "señal química", a través del líquido extracelular. Dicha señal abre la "cerradura" y le lleva la información al interior de la célula, cuyo estado puede variar en forma drástica. Esto provoca una reacción en cadena de procesos bioquímicos como puede ser elaborar una nueva proteína, apertura o cierre de canales iónicos, división celular, etc. La vida celular depende de estos receptores que están en su membrana. Los que transportan la comunicación son los neuropéptidos. La información usa un lenguaje codificado por los neuropéptidos y los receptores, y se convierte en un enlace entre la psique y el cuerpo. Esas moléculas de información usan un lenguaje para comunicarse a través de la red compuesta por los sistemas nervioso, endocrino e inmunológico, o sea la red psicosomática.

Según Pert, los péptidos son la manifestación bioquímica de las emociones. Actualmente se trabaja en la hipótesis de que cada uno de ellos pueda despertar un determinado estado emocional. Además, señala: "las emociones son el contenido informacional que es intercambiado vía la red psicosomática, con los órganos, células y sistemas que participan del proceso".

Así como la información, las emociones viajan en dos realidades: la de la mente y el cuerpo, como péptido y receptor en la realidad física, y como sentimiento y emociones en el plano no material. Sostiene que cada péptido implica un estado emocional. Los pensamientos, creencias, percepciones sensoriales y todas las funciones corporales estarían influidas por las emociones, puesto que en todas intervienen los péptidos.

Los estudios de la Dra. Pert, como de otros científicos, la han llevado a postular que la mente está distribuida en todo el organismo en forma de moléculas señal. Es por eso que me cuesta establecer una clara distinción entre el cerebro y el resto del cuerpo. De sus estudios también se desprende que el sistema inmunológico, incluyendo el sistema nervioso central, tiene memoria y capacidad de aprendizaje, y de ahí deduce "que la inteligencia se encuentra en todas y cada una de las células del cuerpo, por ello es difícil de separar los procesos psíquicos de los procesos orgánicos".

Los estudios de la Dra. Pert indican que toda enfermedad tiene un componente psicológico, por lo que es imposible la separación entre mente y cuerpo. La enfermedad, así, estaría asociada ineludiblemente a las emociones. Cuando éstas son expresadas, todos los sistemas del organismo forman un cuerpo unificado y cuando son negadas y reprimidas, las emociones quedarían atrapadas en nuestro cuerpo físico, bloqueándose los sistemas lo que nos llevaría a la enfermedad. A su vez, si esas emociones se pudieran liberar, recorreríamos el proceso inverso que nos llevaría a la curación.

Toda emoción tiene un reflejo bioquímico en el cuerpo. Es muy difícil darle una verdadera dimensión al trabajo de la Dra. Candance Pert, pues su alcance es verdaderamente gigantesco. Nos ayuda a comprender muchísimas cosas que nos pasan, situaciones extraordinarias y no tanto que ocurren en nuestras vidas, y le da sustento a los maravillosos dichos de Baruch Spinoza en el siglo XVII.

El cuerpo cura a la mente y la mente cura el cuerpo. Es asombroso, como se desprende de sus investigaciones, la increíble interrelación del cuerpo con la mente, no encontrándose el límite entre ambas. Estamos hablando de un concepto de mirada holística, donde el ser humano es indivisible, por donde se lo mire.

Somos una unidad complejísima que está constituida por emociones, sentimientos, razonamientos, acciones, movimientos, pensamientos, reflexiones, y los coloco desordenadamente, pues está todo junto. El cuerpo se mueve, los músculos accionan, vamos, venimos, subimos al colectivo, manejamos el auto, escalamos un cerro, corremos, ingerimos alimentos, los procesamos, los excretamos, amamos, besamos, abrazamos, sufrimos, dolemos, sonreímos, lloramos, gritamos, nos metemos para adentro, meditamos, caminamos, observamos, miramos, escribimos, leemos, pintamos, esculpimos, y podría seguir hasta el infinito porque siempre somos una unidad.

He aquí, tal vez, el genial alcance de los trabajos de Candance Pert y de tantos otros que evolucionan siguiendo esa línea. Comprender esto, como expreso también en el tema energético, es abrir una puerta gigantesca que nos lleva a instancias facilitadoras del buen vivir y de la plenificación de la vida.

Si los seres humanos pusiéramos todos manos a la obra y nos zambulléramos en nuestro interior con mucho amor, con mucho cuidado, de modo de ir reconociendo nuestras partes escondidas y, poco a poco, ir dando a luz, ir arrojando luz sobre aspectos no disponibles para convertirlos en disponibles, estaríamos accediendo a posibilidades impensadas de evolución como especie.

No creo quedarme corto con mis palabras, de ninguna manera me quedo corto, porque lo que percibo es muy grande. La medicina, la salud, el bienestar y, por ende, las curaciones, las rectificaciones a introducir en nuestras existencias, pueden ser maravillosas.

Los trabajos de la Dra. Pert fueron y son muy resistidos, como tantos que luego aparecieron como genios en el desarrollo de la humanidad. Acaso los que se adelantan a su época, los que obligan a muchos a salir de su zona de confort, son resistidos. La comunidad médica está muy a gusto dentro del mundo de las estadísticas, se siente muy confortable dentro de ellas. Es más fácil contestarle a un paciente con los gráficos de las estadísticas, que seguir buscando y buceando en su individualidad, en su especificidad, para contestar más singularmente a cada uno, pues cada uno es cada uno.

Ahora, en estos tiempos, es más contundente lo que acabo de afirmar: que cada uno de los seres humanos es cada uno, y con esto no estoy de ninguna manera diciendo una obviedad. Pues no es una obviedad para la comunidad médica, en general son pocos por ahora los que se arriesgan a salir de su castillo de cristal, para hacer medicina adaptada a los tiempos que corren.

Los placebos siguen teniendo un enorme efecto en las personas. ¿Me pueden decir los médicos la razón? Sencillamente porque hablar de mente y cuerpo es hablar de una sola cosa. Si creo que me voy a curar, es muy probable que me cure.

Eso sí, una salvedad: como cada uno es cada uno, no reaccionaremos todos igual. La manera y la intensidad en que creemos son totalmente distintas entre unos y otros. Hay distintos matices entre la fuerza de que soy capaz para encarar una curación, un proceso duro y arduo para derrotar a una enfermedad. Tendrá que ver con mi autoestima, con mis creencias, con mis constructos. No me canso de repetirlo: somos unidades enteras y distintas.

Cuanto más podamos y nos animemos a bucear como arqueólogos en nuestro infinito interior, en nuestro abismo interior, más alcanzaremos herramientas que me trasladen a nuevos escalones y así sucesivamente en la escala del desarrollo humano.

Inflación energética

En Economía, se denomina inflación al fenómeno mediante el cual la moneda sufre una depreciación continua respecto de otras monedas, de otros países. Los billetes valen cada vez menos y los precios de los productos valen cada vez más billetes.

La causa de este fenómeno, llamado "inflación", es el intento de compensar el déficit fiscal, esto es, el tratar de compensar la diferencia entre ingresos y egresos. Al no tener los ingresos correspondientes, se utilizan partidas para después, con lo cual cuando se necesitan esas partidas se emiten billetes sin respaldo. Empezamos a pedir prestado al mes siguiente, luego al año siguiente y luego a las generaciones siguientes. A veces hacemos esto con la energía.

El cuerpo humano dispone de una cantidad de energía diaria para poder movernos, pensar, sentir y desarrollar, en definitiva, las actividades físicas y mentales del día. El problema es cuando empezamos a utilizar la energía de mañana, y luego de pasado, y luego de la semana que viene. Esto es a lo que llamo inflación energética.

Se puede vivir así un tiempo, pero no siempre. A veces nos cuesta dos días recuperar este desbalance, a veces más y a veces menos, y a veces ya no podemos volver atrás a nuestro equilibrio homeostático. La vida es esencialmente energética, es un balance e intercambio permanente de energía. Debe haber un correlato entre la energía generada y la consumida. Es como una cuenta bancaria, debe y haber. Cuando el desbalance es muy grande, aparece la enfermedad.

Muchas veces se puede curar esa enfermedad en una semana, a veces en meses y a veces nunca se cura. Por eso, es importante chequear la inflación energética, la manera en que gastamos de más la energía durante mucho tiempo. Si lo detectamos, podremos corregir y acomodar nuestra manera de vivir y desarrollar la existencia.

Si gasto durante el día más energía de la que dispone mi organismo, significa que me enfrento a situaciones muy difíciles como, por ejemplo, el estar combatiendo en una guerra, o estar sometido a situaciones con exceso de tensión, por encima de las que puedo acometer solo.

El cuerpo tiene reservas para situaciones de este tipo, pero hay un límite. Si supero este limite empezaré a ver disminuidas mis capacidades, tanto cognitivas como físicas, hasta generar el fin de mi operación como ser viviente.

Lo que pretendo señalar en este apartado es que debemos estar atentos a cómo es nuestro gasto de energía, cómo es la secuencia, en qué momento del día ya no sentimos capacidad para actuar más y nos sentimos agotados.

No es bueno para el organismo sostener en el tiempo esta situación, se queman etapas, se envejece antes de tiempo, se acelera el deterioro de todo nuestro andamiaje biológico. Si nos excedimos, tomémonos el tiempo para la recuperación; esto es saludable. Es necesario valorar lo maravilloso de nuestra vida, nuestra salud y conservarla y, también, madurar y conocer de qué se trata la vida.

Ejercicio - Salud y enfermedad

A) Me tomo unos minutos para pensar en mi estado físico y emocional.

B) Lleno el siguiente paso con cruces en los lugares que resulten correspondientes:

¿Cómo está...?	Mal	Regular	Bien	Muy bien
Mi peso				
Mi presión arterial				
Mis chequeos				
Mi ánimo				
Mis reacciones				
Mi medicación				

C) ¿Cuándo y cómo voy a tomar el tiempo de mejorar lo que esté mal o regular? Lo escribo:

....

....

....

....

....

....

....
....
....
....

D) ¿Qué cambios voy a introducir en mi vida para mejorar mi salud física y emocional? Lo escribo:

....
....
....
....
....
....
....
....
....
....

Capítulo 3

Arte-Música

"La vida sin música sería un error".
Friedrich Nietzsche

Es tan acertada esta frase, que da cuenta de la diferencia entre una vida con música y una vida sin ella. El filósofo nos traduce una sensación de opacidad que implicaría una vida sin el aporte que la música hace a ella. Nos arroja en la cara una tremenda definición de la importancia de la música en el recorrido diario de todos nosotros. Por lo general, la música nos acompaña con amor y nos eleva el estado de ánimo, nos permite soñar, reposar, volar despiertos. Nuestro cuerpo sonríe al compás de las melodías. La música camina con nosotros mientras trabajamos, nos enciende el alma en cualquier momento del día. Cuando no es cantada, nos ayuda a presentizarnos, a alejarnos del ayer y el mañana e instalarnos en el presente. Nos mima cuando contemplamos, cuando nuestro ritmo desciende y sólo nos dejamos existir, mansamente, sabiamente.

La música nos infunde coraje. Todos los ejércitos del mundo poseían una orquesta que acompañaba a los soldados en la batalla. A su vez, las distintas melodías del clarín indicaban al ataque, a la retaguardia, etc.

Nada menos que el ejercicio del escuchar, del oído, de uno de los sentidos del ser humano. Una vida sin música sería una vida más pobre, menos luminosa, más solitaria, con menos alegría. En todo caso, es tan importante que habrá una importancia diferencial para cada uno de los hombres o mujeres que escuchan música.

Nada es igual sin música, lo que implica un nuevo arte a aquellos que se ocupan de seleccionar músicas para otros. Hay músicas para todos los oídos, todos los gustos y hasta para todas las intenciones vitales. Hace muchos años aprendí en la India que la música más adecuada para bajar el stress es la música de flauta, la que más tranquiliza, la que más sosiega. En los consultorios, en donde es importante estar relajado y tranquilo, la música nos acompaña. Como en el amor, el gimnasio y en todos los ámbitos en los que llevemos nuestra completa humanidad.

El arte es mi alimento

Cultura es todo lo que se le agrega al hombre, o que el hombre agrega, partiendo de su estar desnudo, en su primigenio contacto con el aire, en su primigenio encuentro con la luz. Por lo tanto, la vestimenta primordial es su primer escalón. Más tarde, utensilios para comer, maneras de comer, formas de estar y compartir. Así se va construyendo muy despacio la cultura de un hombre. Todo, absolutamente todo, lo que suma al hombre desnudo, va conformando su cultura.

La cultura de una sociedad, es la sumatoria de las culturas de todos sus integrantes, entrelazadas, yuxtapuestas. Cada generación, cada etapa de la vida sobre la tierra va dejando un legado, va dejando una información a la siguiente, va dejando su cultura. Esa cultura es la que da cuenta de cómo vivió, cómo se alimento, se vistió, se relacionó, cómo amó, cómo procreó, cómo fue la vida misma de ese grupo de personas, que vivió en ese tiempo y espacio.

Cada uno de ese grupo de personas a las que nos referíamos, cada civilización, a su vez, nos muestra a través de sus obras cómo era su cosmovisión, cómo era su pensamiento acerca del todo que la rodeaba. Cómo era, en definitiva, su estar en ese mundo, en el que se alimentaba, crecía y procreaba. Y, a su vez, cómo eran sus maneras, sus formas, sus intenciones.

Ahora estamos en condiciones de pasar al Arte, que sería un nivel superior a lo que denominamos cultura, pero que la integra. Serían las artes mayores, lo que denominamos artes mayores, como la pintura, la escultura, la literatura, etc. Arte sería toda forma de expresión creativa del hombre, toda manifestación de su espíritu de creación. Hay y habrá siempre un sin número de definiciones de arte y son todas bienvenidas, ya que son distintas maneras de expresar lo mismo. Es el hombre en ejercicio de ser y de manifestarse.

Vamos ahora, y recién ahora, al centro del capítulo, el arte como alimento. Es que es así como lo siento, es así como lo preciso, es así como se me presenta y como mi ser lo necesita. No puedo estar mucho tiempo sin arte, me siento sin oxigeno, me siento sin aire ni alimento. Cuando el vértigo de la vida me lleva al terreno de lo material y me instalo allí, por el hecho de necesitar del medio de intercambio que es el dinero, necesito salir de allí a alimentarme, a respirar. No puedo estar mucho tiempo sin acceder al arte, sin acceder a creaciones del hombre, sin alimentarme de ese manantial que el hombre produce. Necesito un cuadro, necesito apreciar una pintura, un color, una expresión, una película, algo que tenga que ver son los sentidos. Aparecen los hemisferios, aparece la razón y la sensación. Aparece la abstinencia de sensación cuando he transitado mucho por el sendero de la razón. Y, cuando abrevo de lo que ese manantial del sentido, recién ahí me nivelo, recién ahí me equilibro, recién ahí compenso la suma de tóxicos y los pulmones de mi alma se sacian.

El arte está en tu rostro

La frase del título corresponde a Anthony Mirial en el puerto de Niza... Me resultó muy cierta esta frase de mi amigo francés. Desde que está sobre la tierra el hombre ha dejado señales de su existencia a través de su cultura, de sus utensilios, sus objetos de uso y de su arte. El arte o esas manifestaciones del ser, del espíritu, eso que emana de nuestro interior y que se convierte en obras, en dibujos, esculturas. Esos elementos que dan cuenta de lo que nos perturba, lo que nos aqueja, lo que nos ocurre, lo que sentimos y que no podemos manifestar de otra manera que nos sea a través de algo que hacemos con nuestro instinto o saber ,según se trate.

La fotografía ha tenido sus vaivenes a lo largo de la historia, hasta las últimas décadas en las que ha entrado a competir con las pinturas en las galerías de arte. La fotografía se ha convertido en una protagonista en la vida de los galeristas y marchands, y su público está ávido de novedades. Un gran retratista, un gran fotógrafo como Mirial nos dice que el arte está en tu rostro, pues el mira la expresión y la imagina captada para siempre, mediante su manera tan peculiar de expresión. Apreciar el arte de Anthony nos convoca a disfrutar de la maravilla de la creación humana, de la poesía con la que nos ofrece situaciones de la existencia. Sus fotos tienen como destinatario al cuerpo humano en situación. Rostros, cuerpos, situaciones que dan cuenta de lo que ocurre. Poses, composiciones que por su rigor no nos dejan afuera de la comprensión básica de lo que está ahí, delante de nosotros. Los rostros, con sus mil expresiones, son también arte, nos dice el francés. Pues esas mil expresiones dan cuenta de la vida, de las emociones, de los sentimientos, de las alegrías, de los padecimientos, del horror, del sufrimiento y del dolor. Todas las manifestaciones del arte son un insumo para el hombre curioso, para el hombre sediento de humanidad, de combustible básico para la vida.

La música recorre mis venas

Escucho el *Bolero* de Ravel y mi cuerpo lo recibe con una vibración especial de cada una de sus células. Todo mi organismo se conmueve con esta música que excede a los años y las centurias, y que quedó completamente grabada en las unidades celulares del Guillermo niño. Hoy siento cómo cada melodía recorre mi cuerpo, navegando por mis venas y mis arterias. La emoción es tan grande que brotan lágrimas de mis ojos, pues aparecen imágenes delante de mí.

Mi casa de Caballito, rodeado de mis padres, de mi hermana, de Manuela, y la música volaba entre las paredes. Lo impregnaba todo y la alegría flotaba en el ambiente.

Hoy, más de cincuenta años después, el efecto es el mismo o más profundo aun. Es que han pasado los años, las situaciones, los encuentros, las tensiones, las decisiones, las partidas.

La música, montada en un bote, se desliza por mis cañerías y llega a mis confines, y mi alma sonríe, se alboroza y se permite soñar y volar.

Me acuerdo de una colección de discos que había comprado mi padre, "Música para Soñar y Reposar", en ella estaba el *Bolero* de Ravel, *Carmen* de Bizet y tantas otras obras geniales de geniales músicos. La música ha sido y es un insumo básico para mi existencia. Sentiría que mi vida no es tal sin ella, y el desasosiego y el desamparo sería gigantesco sin ella.

Capítulo 4

Yo soy los otros

A propósito de *Yo Soy los Otros,* me topé con unas palabras de Roland Barthes, escritor y ensayista francés:

"¿Quién es el verdadero autor o creador de determinado texto, entendido como novela, película, partitura? No es la persona física quien hace una obra de arte. Un texto creado por una multiplicidad de conciencias, culturas, ideas, pensamientos, filosofías e ideologías. Un escritor posee la propiedad intelectual de un texto determinado, pero subyacen en su trabajo una gran cantidad de capas de textos previos que leyó, ideas que lo forjaron y experiencias. Dentro de cada espectador, lector, se encuentran el sentido y la interpretación que terminarán de dotar de un sentido al texto y eso nos convierte también en autores".

El escritor francés viene a complementar mis palabras y el sentido de mi libro Yo Soy los Otros. Vivir es una tarea en conjunto, es una tarea que realizamos entre muchos, muchísimos. Vamos consolidando una mezcla permanente, recibiendo y emitiendo estímulos con todos los hermanos terrícolas con los que nos cruzamos, nos relacionamos. En forma permanente incorporamos sensaciones, palabras, ideas.

El otro no soy yo y soy yo a la vez

El otro es diferente de mí en tanto y en cuanto sea reconocido por mí. Una vez que nos validamos mutuamente, como hermanos de camino en esta nave tierra, también, a su vez, podemos decir, y sólo al cabo de mucho andar, que el otro también soy yo, como escribí en mi libro anterior. Al constituirnos mutuamente, luego podemos sentirnos parte del todo y ser influidos e influenciarnos también mutuamente. La importancia que le doy al encuentro y la escucha es máxima en el arte de las relaciones humanas. Porque es máxima para mí, porque el encuentro se produce recién cuando hay escucha, el encuentro se produce recién cuando puedo recibir y ser recibido. Como digo siempre, y acá soy insistente con esto, pueden ser mis oídos los que escuchan, pero también puedo escuchar con todo mi cuerpo, con todo el ser que soy. Si te miro y te observo y te percibo amorosamente, también te estoy escuchando. Estoy abriéndome a recibir lo que es posible ser recibido desde lo que sos vos, aquí y ahora.

Capítulo 5

La felicidad

El primer y último fin de nuestra vida es ser feliz. Más allá de todos los deseos a satisfacer, el principal objetivo del hombre es alcanzar la felicidad y sostenerla. Hay muchas definiciones, tantas casi como seres humanos viven sobre la Tierra.

Ser feliz

Mucho se ha hablado y escrito sobre los elogios y las críticas. Cuando somos niños, el impacto de estos estímulos es muy fuerte en nosotros y no poseemos aún en esa etapa los antídotos como para poder hacerles frente. Por lo general, en esta franja evolutiva sufrimos mucho o nos alegramos mucho, según nos critiquen o nos elogien. Podemos ser arrojados a profundos abismos de mutismo o soledad, por el simple hecho de haber sido criticados, o podemos subirnos a altares de vanidad o soberbia, si somos muy elogiados.

Indudablemente que la construcción de un yo, la construcción de la totalidad que constituye un yo, un ser, un adulto, un maduro, deberá tener un sin número de aportes por parte de los padres y los seres significativos que nos rodeen. En la medida que vamos cumpliendo años y adquiriendo saberes y experiencias, vamos construyéndonos y vamos edificando nuestro autoconcepto. Vamos aportando día a día experiencias y saberes para ir conformando un concepto de nosotros mismos, un complejo esquema de creencias sobre lo que somos y quiénes somos. Cuanto más cerca de nosotros mismos lleguemos, cuanto más afinados con nuestra propia humanidad estemos, más certero será el espejo con el que nos miremos a nosotros mismos.

Poder decir que nos conocemos, en cualquier etapa de la vida, tiene que tener como ingrediente, el poseer una idea bastante aproximada de nuestras limitaciones y de nuestras posibilidades, de aquello que podemos ser capaces de hacer, y de lo que, claramente nos será imposible concretar, pues está extremadamente lejos de nuestro alcance y posibilidades.

Por otro lado y también por el mismo lado, la madurez implica elasticidad y, por ende, poca rigidez. El proceso de madurar es el proceso de incorporar más elasticidad y de alejarnos cada vez más de situaciones de rigidez y estatismo. Como vivir es un proceso largo de adaptación y el objetivo de la vida es ser felices, cuanto mayor sea el conocimiento de nosotros y de los demás y mayor sea nuestro grado de madurez, menos efecto tendrán en nosotros los estímulos externos de crítica y elogio. Y, cuanto menos efecto produzcan en nosotros los estímulos externos, menos se alterarán nuestros niveles de felicidad y plenitud.

El hombre autorrealizado es un hombre que puede disfrutar de su vida, recibiendo lo que le ocurre, ya sea agradable o desagradable, aceptando que los vaivenes a los que se vea sometido pertenecen a las circunstancias y a la incertidumbre, propias de la existencia. El sufrimiento será una parte de su vida, así como el disfrute y atravesar etapas de dolor y de alegría también será la tarea implícita en el estar en este mundo como un ser humano.

Volviendo al tema de Ser Felices, tal vez uno de los aspectos centrales en este tema es el lugar en donde nos colocamos para transitar esta aventura. Podemos instalarnos, como tantos, en esta cultura occidental, en el lugar de la carencia, de todo lo que falta, de centrar toda nuestra vida en hacer foco en todo lo que me falta, que obviamente siempre podremos encontrar. O, en el otro extremo, instalarnos en todo lo que sí tenemos para ser felices, y la diferencia es qué color de lupa ponemos delante de nuestros ojos. Si camino la existencia haciendo foco en todo lo maravilloso que tengo a mi disposición, es mucho más probable que sea más feliz. Y, sumando a la suma de la vida, si observo abundancia estaré más cerca de agradecer toda esa abundancia, y el agradecer me traerá una sensación de bienestar fácil y sin vueltas.

Más sobre el ser feliz

El hombre es un ser bio-psico-social, esto es un cuerpo, una mente y un mundo exterior. Por lo general, los conflictos, las crisis, devienen del tipo de vínculo que tengo entre mi adentro y mi afuera, entre lo que yo pienso de mí y creo de mí y de cómo se debe vivir la vida; y de cómo lo hacen los demás, qué creen de ellos, qué piensan de ellos y cómo creen ellos que tienen que vivir la vida.

A lo largo de toda nuestra existencia, desarrollamos una relación dialéctica entre el adentro y el afuera, entre nosotros y los otros. Esa relación va a ir cambiando a medida que maduremos. Cuanto más maduremos, mejor será la relación entre estos dos mundos, el nuestro y el de los otros. En un primer momento, estaremos centrados en nosotros. En un segundo momento, y a partir de una condición muy especial, empezaremos a virar y a reconocer al otro. La clave es empezar a separar "qué es mío" y "qué es del otro". A partir de allí empieza un camino de entendimiento mucho más maduro y por ende mucho más feliz.

En la medida que yo siento lo que siento y lo manifiesto, sin querer lastimar a nadie, esperando que los demás respeten lo que manifiesto y que, a su vez, sea protagonista de grupos o conjunto de personas en las que todas ellas puedan manifestar en plena libertad lo que sienten, sin pretender herir a otros, estaremos en presencia de relaciones con madurez, y por ende más plenas y felices.

Capítulo 6

El encuentro

Vivimos en un mundo que cambia todo el tiempo. Alrededor de nosotros el cambio es permanente y constante. La rigidez es hermana de la frustración y la elasticidad es buena compañera de la satisfacción. Por lo tanto, el hombre, las organizaciones, deben acompañar el cambio para darle satisfacción a sus objetivos y expectativas.

Todos los cambios empiezan en un encuentro, ya sea con el Counselor, el psicólogo, el consultor, un amigo, un socio, un familiar, un vecino, otro ser humano, etc. El encuentro es el lugar en el que todo ocurre o empieza a ocurrir. Te propongo un encuentro, te propongo un espacio, te propongo que te des la oportunidad de un encuentro conmigo.

Encuentro y escucha

Uno de lo sentidos con los que contamos los seres humanos es el oído. Este órgano nos permite conectarnos con el exterior de nosotros a través de la posibilidad de recibir los sonidos que nos llegan. Nos llega ruido, nos llega música, nos llegan todo tipo de sonidos desde los primigenios como el zumbido que produce el viento sobre los árboles, los truenos, la lluvia, los gemidos humanos, los llantos de los bebés. Tal vez el sonido que más puede incidir e influir en nosotros es la voz humana, con sus tonos, sus matices, sus contenidos. La manera en que esté compuesta la voz que escuchamos puede generar, en el que la escucha, desde el más sublime de los placeres hasta el sufrimiento más profundo. En el medio, un infinito de contenidos, un infinito de sentidos y un infinito de intentos de conexión entre unos y otros. Se trata, en todo caso, de emisiones y recepciones. Emisiones y recepciones que pueden o no ser, acontecer, pueden o no ocurrir. Puedo emitir y puedo no ser recibido, puedo intentar no emitir y puedo sí ser recibido, aun a mi pesar.

Hay muchas combinaciones posibles en la comunicación humana. Tal vez el escuchar, la escucha humana, es la herramienta más poderosa para el encuentro. Puedo escuchar con mi presencia, con mi estar, y eso también podemos incluirlo en el encuentro humano. Si nos ponemos un poco más precisos, podemos decir que percibimos la presencia del otro, simplemente a través de permanecer próximos a ese otro y, desde allí, percibir la manera en que ese otro se encuentra consigo y con los demás.

Volviendo a la escucha, volviendo a el escuchar y recibir, y estar en presencia de otro, estoy en condiciones de afirmar, que si escucho, estoy validando al otro, lo estoy constituyendo, le estoy diciendo, estas ahí y te estoy escuchando. De ahí la importancia de la escucha, de escuchar. Permanezco contigo, te recibo, me importás, no me es indiferente tu presencia y lo que decís desde tu ser vos. Por el contrario, no escuchar, no recibir a otro, es negarlo, es no reconocerlo, no validarlo, no constituirlo.

No escuchar, desde la intención de no hacerlo, es una actitud de las más dañinas, de las menos humanas que puede poner en práctica un ser humano. Decir "No te voy a escuchar" es desnaturalizar un encuentro humano. Escuchar a otra persona es el principio del encuentro, de la proximidad humana. Es el inicio de la empatía, de la compasión, de la simpatía, de lo que este presente entre esas dos personas que entran en contacto. La escucha es lo que nos hace humanos, distintos, respetuosos, considerados. Estás allí y yo estoy aquí, nos estamos escuchando.

Escuchar con mis ojos

Porque si te miro, si te enterás de que te miro y de que permanezco allí, mirándote, observándote, percibiéndote, estás en condiciones de sentirte recibido, estás en condiciones de sentir que estás siendo reconocido y, de alguna manera, esa atención que estoy prestando a tu presencia, también es una situación de escucha. Al mirarte también te estoy reconociendo, también te estoy constituyendo, también te estoy validando, también te estoy afirmando. Afirmando, te estoy dando un lugar en donde poner tus pies.

A partir de mi mirada, también, a partir de ella, empezás a tener un lugar distinto donde estar, o desde donde empezar a estar. Todo esto que hablo y que siento y que escribo, lo manifiesto desde donde yo me manifiesto, que no es otra cosa que el ámbito de la amorosidad humana, de la psicología humanística. Pues también, según las distintas culturas, alguien podría sentirse intimidado si lo miro, si poso mis ojos en los suyos. O también hasta provocado, en el ambiente de los antiguos guapos de Buenos Aires, o en los cabecillas de las pandillas de cualquier parte del mundo.

Me siento muy cómodo y en mi propia y privada esencia cuando me permito sentir, pensar y expresarme desde ese lugar de amor por el otro, que habita en mi interior. Y, más aún, en el caso de que mi mirada pudiera ser mal recibida, tomo la decisión de emitirla, de jugarla, de ponerla en juego en el juego riesgoso y a su vez amoroso de la existencia.

Te escucho con mis ojos, te das cuenta de que te estoy escuchando mucho antes de que tus palabras alcancen el espacio de mis oídos. Te estoy validando, te estoy afirmando, te estoy reconociendo, te estoy constituyendo con mis ojos, con mis oídos, y en definitiva con todo lo que soy en el momento en que lo hago, en el momento, en el preciso instante en que mi persona se dispone como tal al encuentro con esa otra, que SOS vos. Ese encuentro tan ancestral, tan primigenio, ulterior y también postrero. Estoy, estamos, soy, somos, existimos, latimos, vivimos, navegamos.

Cuando miro… ¿qué veo?

Desde los pocos días de vida empezamos a tomar contacto con la visión. Comenzamos a utilizar el sentido de la vista y todo lo que nos rodea es mirado y observado. Nos vamos acostumbrando a que lo que miramos es de una determinada manera y no de otra. Al no tener un pasado, indudablemente se construirá en nosotros una representación de lo que pasa delante de nuestros ojos, que se ajustará a esa primera impresión que nos impacta.

Con el correr de los años y con el correr de las vivencias y experiencias, nuestra forma de mirar lo que nos rodea irá incorporando el filtro de lo vivido. Nuestras creencias tendrán un lugar importante en la manera de recibir lo que nos rodea. Y cuando me refiero a "lo que nos rodea" me refiero a cosas, situaciones, noticias, escenas, etc. En un primer estadio de la maduración evaluaré las conductas de los demás en función de mis creencias y mis conductas. A medida que recorra más camino y sea más maduro, podré separar mis pensamientos y creencias de las que observo en el otro, que está delante de mí. Pero indudablemente que no podré eludir lo que observo de mí mismo. Estaré siempre yo como mirador, y seré siempre yo el que recibe y procesa lo que le llega a los ojos. Por lo tanto, e independientemente de la etapa evolutiva en la que me encuentre, podré decir que "me miro a mí mismo", que la diferencia entre mi persona y lo que miro se reduce mucho, hasta casi la nada. Miro desde mí mismo, miro desde mi vida vivida. Cuando observe un edificio de departamentos podré pensar que miro un lugar en donde la gente desarrolla una parte importante del tiempo de su vida. Un arquitecto que construye podrá estar viendo dinero, pues cada vez que emprende la edificación de un grupo de departamentos su billetera se engrosa. Otro arquitecto, que esté más allá del dinero, pues se encuentra en una etapa en la que el prestigio y el diseño constituyen un desafío para su profesionalidad, mirará otra cosa, hará hincapié en las formas, las curvas, los materiales, las texturas, lo vanguardista o no del dibujo original, etc.

Podríamos hablar hasta el infinito de distintas versiones de representaciones de lo mirado, y en qué medida el observador es diferente o no de lo observado. Al estar viendo con "mis ojos", estoy viendo con "mis creencias y mis pensamientos". Al estar viendo con mis años, estaré viendo con las escenas vividas en toda esa suma de años. Observaré desde el ser persona que soy, desde el ser profesional que soy, desde el ser el padre que soy, desde el ser varón que soy, desde el ser el hijo que soy, desde ser el caminante de la vida que soy.

Con el paso de los años, y con el crecimiento de mi madurez, iré inevitablemente alejándome de los adjetivos y de los juzgamientos cuando miro lo que me rodea. Iré comprendiendo que cada uno mira desde sí mismo, y es muy difícil, y hasta imposible, aunque lo intentemos, ver con los ojos del otro, y cuando podamos lograrlo, sentir lo que el otro siente, cuando ve lo que ve, o cuando vive lo que vive.

Podemos sí, con el ejercicio de la actitud empática, aproximarnos a ese mirar, aproximarnos a ese sentir, pero nunca será igual al de ese que mira, que no soy yo. Serán intentos, a veces cercanos y a veces no, de poder mirar con los ojos del otro, con el corazón del otro, con el alma del otro.

Encuentros y relaciones

> "Ser es relacionarse".
>
> Krishnamurti

Una parte de mi vida la componen los encuentros "de vereda", ocasionales, inesperados, espontáneos, que se dan por la calle, en un banco de plaza, en una butaca de cine, en una mesa de bar, en un asiento de avión, o de barco, o en cualquier situación en donde están próximas, como mínimo, dos personas.

Se puede tratar de conversaciones banales, simples, intrascendentes, sin consecuencias; y también pueden darse como inicio de relaciones profundas, duraderas, con consecuencias, en donde el grado de intimidad alcanzado en esos encuentros genera una proximidad en las personas que denomino "encuentros humanos reales".

El hombre es en relación, el hombre es un ser gregario que necesita el contacto, el intercambio con otros hombres, en el sentido genérico del término. El inmenso espacio del medio, entre unos y otros, que se aproxima por momentos, es el medio para que dos o más personas puedan entrar en contacto. Indudablemente que el mencionado contacto se produce más fácilmente cuando existe previamente un excelente contacto interno, un contacto con el que habita dentro mío. Cuando estoy muy cómodo conmigo estoy en paz, estoy en equilibrio con el que soy, me será muy fácil, no tendré dificultades en intercambiar con cualquier persona, con la que esté en cercanía.

Conocer otras personas, acceder a nuevos amigos, a nuevas relaciones, constituyen para mí un manantial de riqueza en el devenir de mi vida. Me gusta aprender, soy muy curioso, quiero saber de otras vidas, de otras realidades, de otras experiencias. Escuchar vivencias, recibir información, compartir sentimientos, emociones, pasiones, incrementa mi ser persona, mejora mi desarrollo. Dos personas, al juntarse, al estar próximas, al compartir intimidades, pensamientos íntimos, determinan el encuentro de dos mundos, el encuentro de dos infinitos. La posibilidad de enriquecimiento es gigantesca, la chance de permitir que el otro me modifique, que el otro aporte algo nuevo que sea útil y facilitador de mi existencia.

Conocer nuevas formas, nuevas maneras, distintas culturas, costumbres, modismos, es de una riqueza que me estimula a proponerlos. Me sale muy fácil el hablar a una persona que no conozco, sea hombre o mujer, es indistinto, pues nada tiene ver la elección de género para el disfrute y el aprendizaje. Sólo se trata de dos seres humanos con cercanía física, están próximos, y desarrollan una de las experiencias más maravillosas de esta vida: el intercambio de vida vivida, el intercambio de emociones, sentimientos y vivencias.

Trayectorias que se cruzan, existencias que se entrelazan

Nos encontramos, nos tropezamos, nos llevamos por delante a otras personas. Las empezamos a conocer, entramos en sus vidas, ellas entran en las nuestras. Lo hacemos de chicos y lo podemos seguir haciendo toda la vida.

Mi padre, que vivió 87 años, hizo amigos en sus últimos años, en sus compras, sus caminatas, sus charlas en bares, en plazas, e incluso los empezó a frecuentar. Heredé de él esta apertura hacia el otro, este ofrecimiento de mí destinado al otro. Lo hago muchas veces y, si por mí fuera, lo haría muchas veces más. Encuentro la traba en la cerrazón del otro, en el temor o, simplemente, en la no disponibilidad del otro.

Nadie tiene la obligación de desear querer conocer a otra persona, ni siquiera de dialogar. Sucede que el sencillo hecho de emitir palabras por la boca, hijas de pensamientos o sentimientos, es muy fácil, muy sencillo. No ofrece ningún esfuerzo, sobre todo a aquellos que, como en mi caso, estamos ávidos de historias, de cuentos, de saberes que no tengo, e intercambios para el crecimiento y enriquecimiento mutuo.

Llevar dentro nuestro la curiosidad, ser portadores de inquietudes, de ganas de aprender, de conocer, de intercambiar valores, es una de las cuestiones más fuertes que me hacen sentir vivo. Entiendo que estar preparado para el otro, para dar y recibir de él, es una de las más inquietantes y fascinantes situaciones de nuestro devenir terrenal.

Diálogo

> "El diálogo es el modo colectivo de abrirnos
> a todos los juicios y a todas las creencias".
> David Bohm.

El diálogo es la manera en que nos relacionamos a través de la palabra, cuando intentamos conectarnos entre dos o más personas. Es una herramienta muy poderosa que, bien usada, puede ser el vehículo para que nos comprendamos, nos entendamos, podamos estar juntos como hermanos, amantes, compañeros y, a su vez, podamos resolver nuestras diferencias, nuestros conflictos, nuestras crisis.

Son famosos desde hace más de 2500 años los Diálogos de Platón que involucran a Sócrates, en donde el gran maestro hace uso de la mayéutica para invitar a la reflexión, a sacar afuera, a intentar conocer el sentimiento, el pensamiento de los otros. La pregunta y la repregunta, la curiosidad manifestada a través de la palabra justa, y acertada nos entrega, nos ofrece un verdadero manjar para el intelecto.

Los distintos diálogos de Platón, en donde, volvemos a decirlo, Sócrates es el gran protagonista, nos entregan reflexiones sobre el Alma, el Deber, la Amistad, el Amor, etc., etc. Más cerca de nuestros días, si reparamos en lo contemporáneo, podemos recordar los Diálogos de la Conferencia de Yalta, entre Roosevelt, Stalin y Churchill, luego de la Segunda Guerra Mundial.

Más cerca, los Diálogos de Camp David, entre Anwar el Sadat y Menájem Beguín, con la asistencia de Jimmy Carter, por la paz entre Egipto e Israel.

También los diálogos entre el Dalai Lama, Daniel Goleman, Francisco Varela y otros, en el encuentro del *Mind and Life Institute.*

Millones de diálogos se suscitan diariamente en todos los lugares el mundo, desde sencillos, simples, intrascendentes hasta tan importantes, en los que se definen las acciones para evitar el cambio climático, para evitar una guerra o un hambruna.

La pausa, la emisión de la palabra, la recepción de la palabra, el entendimiento, la comprensión, la selección de las respuestas, la selección de los tonos, las formas, son las partes esenciales que no deben faltar cuando protagonizamos un diálogo. Como dice Bohm: "Es la manera de abrirnos a todos los juicios y las creencias".

El diálogo, como una de las herramientas del encuentro, nos permite introducirnos en el conocimiento mutuo.

Ejercicio - El encuentro

A) ¿Cómo me siento ante un encuentro inesperado? Marcá con una x.

Lo rechazo	
Lo evito	
Me presto	
Lo busco	
Lo disfruto	

B) ¿Qué es un encuentro para mí?
Lo escribo:

....

....

....

....

....

....

....

....

....

....

C) Recuerdo los encuentros más significativos de mi vida, los que me gustaron y lo que no me gustaron, todos.
Los escribo:

....

....

....

....

....

....

....

....

....

....

D) Reflexiono sobre si yo, ahora, actuaría de un modo distinto.
Lo escribo:

....

....

....

....

....

....

....

....

....

....

Capítulo 7

Creencias

"Las creencias controlan nuestra vida".
Bruce Lipton, *Biología de la Creencia.*

Ante un mundo nuevo

Estamos muy acostumbrados a tratar los temas de la vida, desde un punto de vista material. La razón nos acompañó durante miles de años en esta tarea de utilizar nuestro hemisferio izquierdo para abordar nuestros temas de trabajo, de interrelación, de vida social, de intereses y de curiosidades. Llamamos "área espiritual" a todo lo que nos sea material, a la bienvenida a algo que no se puede pesar y que está en alguna parte de nosotros, y los otros. A su vez, definí en otro de mis libros a esa manera de llamar a las personas espirituales, que serían las que tuvieron un encuentro con la divinidad. Por supuesto que en el terreno de lo espiritual hay miles de abordajes y desarrollo de los temas. Yo iré por donde estoy seguro, en función de mis experiencias y mis percepciones.

Con el advenimiento del conocimiento de la presencia de energía como una parte constitutiva de todo lo material, se abre una gran puerta en el devenir de la vida del hombre en el planeta. En efecto, el conocimiento de la existencia de partículas subatómicas, que están compuestas sólo por energía y no tienen masa, nos guía hacia una manera de desarrollarnos, de la que todavía no tenemos casi ningún detalle pero percibimos que generará un cambio gigantesco en el devenir de la humanidad. Hay indicios de que los llamados hombres primitivos utilizaban la energía para comunicarse con plantas, con fenómenos como la lluvia y con otras personas también.

Daría la impresión de que, como también señala Bruce Lipton, el hombre moderno ha visto "atrofiado", este mecanismo de comunicación a través de la energía. A medida que la ciencia nos confirma las novedades einstenianas, es posible que el ser humano pueda ir dándoles lugar en su vida a los conceptos energéticos que dan cuenta de cuestiones que ocurren.

En efecto, a lo largo de nuestra existencia hemos sido testigos de "coincidencias", de "rarezas", de "encuentros sorpresivos" que nos sorprendían y que nos dejaban estupefactos. Es probable que, en la medida que "nos entrenemos", en la medida que nos metamos en el tema energético como algo muy posible en las circunstancias de la vida, podamos darnos cuenta de qué es lo que ocurre para que se den estas situaciones.

Desempolvando, destapando los antiguos conceptos de nuestros ancestros de hace miles de años, tal vez podamos seguir abriendo puertas y puertas que nos conduzcan a darle uso a una parte de lo que somos, y que es la energía y su utilización, favoreciendo nuestro transito terrenal.

Tal vez prestando atención, simplemente estando más atentos, como abiertos de una manera distinta, podamos ir abriendo esas puertas que menciono. La energía está en todo lo que somos y todo lo que nos rodea. Es imposible que no esté en contacto, que no esté vinculada de muchas maneras. La energía de los planetas, la energía del Sol, la energía de la Tierra que atrae a todas las cosas, a través de la llamada Ley de la Gravedad, todo está en interrelación.

Somos lo que creemos

"Somos lo que creemos", dice Gerald Jampolsky. Nuestro sistema de creencias se basa en nuestras experiencias pasadas, las cuales revivimos constantemente en el presente, temiendo que el futuro vaya a ser igual que el pasado, agrega. El ser humano transita su existencia, sometido a estímulos internos y externos. La vida se desarrolla en medio de un proceso de adaptación a estos estímulos. El hombre, a través del uso de su cerebro, va actualizando sus saberes, que va aprendiendo, ya sea en procesos académicos, de formación, o ya sea a través de capitalizar experiencias producto de las cuestiones que le van pasando en el transcurso de su vida.

Luego de cada escalón nuevo, que sube en este camino de comprender, de saber, de interpretar quién es y qué es lo que le ocurre, y por qué le ocurre, va adquiriendo nuevas herramientas, nuevas aptitudes, y ejercitando nuevas actitudes, de modo de atravesar cada vez más fácilmente las situaciones que experimenta. Cuanto más instruido está, más va a comprender lo que sucede. Cuanto más conoce de sí mismo y de los demás acerca del funcionamiento biológico, psicológico y social, mejor va a ser su adaptación a las experiencias que la vida le va a ir colocando delante.

Cuando hablo de una adaptación mejor o peor a las situaciones de la existencia me refiero a poder alcanzar y sostener su plenitud, su felicidad, a pesar de lo que pase a su alrededor. Volviendo al principio, los estímulos externos e internos necesariamente pueden generar tensiones, pueden generar distintos tipos de stress. El proceso de convertirse en persona, el proceso de convertirse en un hombre autorrealizado, es el proceso de sostener un nivel de stress que no vulnere o ponga en riesgo la salud de su sistema cuerpo mente. Esto es, poder atravesar circunstancias de diferente intensidad y procesarlas de la mejor manera, de modo de no alterar peligrosamente su funcionamiento como persona humana.

Una parte importante de la felicidad es poder disfrutar de todo lo que tengo delante, procesando lo que pienso, lo que siento, y cómo juega eso con lo que sienten y piensan y hacen los demás. Poder caminar la vida sin colocarnos pesos en la mochila del alma a temas que no son nuestros. Procesando los propios, la vida se hace más fácil y placentera. La tarea es afinarnos con nosotros, crecer desde el ser, conocernos más, darnos cuenta por dónde seguir aprendiendo, buscando fuentes de inspiración para encarar el camino del crecimiento interior.

Seremos más felices cuando no tengamos ataduras para decir qué sentimos y lo que pensamos, sin límites. Seremos más felices si nos sentimos libres, sin alambrados, sin paredes, sin fronteras, de modo de desplegarnos a nuestras anchas en función de nuestro maravilloso libre albedrío. Si valoramos esto, le daremos importancia a que los demás también lo puedan hacer y desarrollar.

El que ama a la libertad quiere que todos sean libres, que todos se sientan libres y lo ejerzan. Entendiendo que tal vez algo de la libertad del otro pueda impactar en mí, con repercusiones positivas o negativas. Por eso lo que decía al principio: de la manera en que nos tomemos las manifestaciones de los otros, dependerá en gran medida mi felicidad. Por eso es saludable, si siento amor, decirlo: ¡Amo! Y si necesito gritarlo, emito un grito de amor. Si algo no me gusta, decirlo: ¡esto no me gusta! Y si necesito hacerme oír también decirlo más fuerte: ¡¡¡esto no me gusta!!!

La clave es no juzgar, no ponerle adjetivos a las acciones de los demás. Esa es la manera de caminar la vida con plenitud. Pertenecer a una sociedad libre, en la cual todos se manifiesten sin herir ni intentar herir, sin juzgar, sin etiquetar. Ninguna acción convierte a nadie en nada, es una simple acción, es un simple acto. Como dijo el Dr. Carl Rogers: "Los hechos no son hostiles". El punto es cómo me los tomo yo a esos hechos y qué impacto permito que tengan en mí.

Ejercicio - Creencias

A) ¿Qué cosas creo que no puedo hacer en mi vida? (por ejemplo, esquiar, cantar, estudiar…)
Las escribo:

....
....
....
....
....
....
....
....
....
....

B) Estas cuestiones que escribí, ¿intenté hacerlas alguna vez?, ¿insistí y practiqué? ¿O son creencias que tengo incorporadas a mi memoria y nunca las experimenté?
Las escribo:

....
....
....
....
....
....

....

....

....

C) Reflexiono unos minutos sobre esto. Lo escribo:

....

....

....

....

....

....

....

....

....

....

Capítulo 8

Energía

También somos energía

Desde muy chico escuchaba la palabra "energía" asociada a la necesidad de tener la fuerza necesaria para emprender algo, ir al colegio, estudiar, jugar al fútbol, al tenis, luego ir a trabajar, etc. Más tarde, cuando empecé a acercarme al mundo de Oriente, al mundo de la India, al mundo de la meditación, la palabra energía se hizo muy presente y desde mi mirada cartesiana, sentía cierta aversión a la generalización con la que se utilizaba la palabra "energía", refiriéndose a muchas cuestiones de la vida. La "energía planetaria", la "energía de este lugar", "tenemos que cambiar la energía", "sumemos energía", "meditemos juntos para lograr tal o cual cosa", "aprovechar la energía de Saturno, de Júpiter o Marte"…

Indudablemente, mi formación como Técnico y luego como Ingeniero, me proporcionaron una familiaridad con la energía desde el punto de vista Eléctrico, Potencial, Mecánico, etc. También sabía que para que un cuerpo se mueva necesitaba energía y para que la Tierra gire o se desplace con su enorme masa necesitaba energía y que, en definitiva, recibíamos todos los días la energía del Sol y la atracción de la gravedad tenía su influencia entre todas las partículas o cuerpos que poseían masa. Me costaba asociar toda esa energía a nuestra energía corporal. Con el tiempo me di cuenta de que cada átomo de nuestro cuerpo, y de todas las cosas, tiene la misma forma que el sistema solar.

Se decía que había un núcleo y que los electrones giraban a su alrededor, al igual que los planetas giran alrededor del Sol.

Por ende, empecé a comprender que había necesariamente una relación entre la energía planetaria y la nuestra, la energía del ser humano; y que, más aún, las leyes por las que funcionaba todo el Universo tenían mucho que ver con las leyes por las que funcionamos los seres humanos. Hoy, recorriendo el año 2017 de nuestra Era Cristiana, la ciencia ha demostrado que cada molécula de nuestro cuerpo está formada por masa y por energía.

La física de Newton ha dejado paso ya hace mucho a la Física Cuántica y el avance fue tan grande que hoy ya podemos afirmar sin temor a equivocarnos, a que somos masa y que también somos energía. De tal suerte que se abre un abanico inmenso e infinito de posibilidades de conocimiento. Y al conocimiento se le suma el poder entender, interpretar y visualizar las razones de muchas cosas o circunstancias.

El terreno de lo energético vital, de lo energético asociado a la vida misma de todos los seres vivientes, es ya moneda corriente y nos permite acceder a terrenos que antes permanecían ocultos o que sólo estaban en el espacio de lo Esotérico, de los Sabios orientales, de la medicina oriental, de la espiritualidad oriental. Cambia todo el pensamiento y también la manera de sentir; nos aventuramos con mayor seguridad en que lo que sentimos pertenece a una realidad en la que está incluida la cuestión de la energía. Esa sensación de sentir y percibir la pertenencia a un todo inmenso e infinito, hoy se confirma a través de la unión de las energías y a la asociación de las energías de las que, indudable y científicamente, somos parte.

Claramente y como siempre, aparecen muchas nuevas cuestiones a dilucidar, como por ejemplo el tema de la alineación de nuestra energía o la armonización de nuestra energía. Hay quienes se arrogan el don de armonizar a otros, de tener el poder de armonizar u organizar u orientar la energía de los demás. Yo, en lo personal, creo que como el mundo que se nos abre es tan amplio, podemos ser ayudados de afuera y también podemos nosotros mismos proporcionarle un orden a nuestra energía corporal, alineando los centros de energía que los orientales denominan Chakras.

Estamos sometidos a campos gigantescos de energía que aportan cada uno de los planetas y grandes masas que giran en el espacio, y a su vez, entre todos, intercambiamos energía todo el tiempo. Somos nosotros los que podemos, sin ningún lugar a dudas, armonizar nuestra energía, alinearla, ordenarla, de modo que esté más en línea con la utilización positiva de toda la energía que nos rodea. Es importante consignar que, en la medida que estemos más integrados, con nosotros mismos, podremos utilizar lo bueno e impedir lo malo. De nosotros depende, del ambiente que elijamos, de la energía que absorbamos, del intercambio que realicemos, el camino que iremos recorriendo y también la posibilidad de desarrollo y de despliegue como seres humanos que somos.

El campo

"Las tradiciones antiguas señalan que, además de conectarlo todo, el Campo sirve de reflejo, de espejo exterior de nuestras experiencias internas", dijo Gregg Braden. La palabra "campo", a secas, era una manera de darles significado a grandes extensiones de tierra, sobre la cual se sembraba maíz, trigo, sorgo, soja, etc., y donde vivían, se alimentaban y se reproducían, vacas, toros, terneros, ovejas, guanacos, gallinas, pollos, etc. A su vez, implicaba por descarte todo lo que no era algo urbano, "campo" era la contrafase de la ciudad, del pueblo. El campo es el lugar en donde vive poca gente por kilometro cuadrado, a diferencia de la ciudad. Dicho esto, a su vez, en el área eléctrica se hablaba de campo eléctrico y su primo hermano, campo magnético.

Desde hace algunos años, no tantos, se ha empezado a generalizar un uso distinto para la palabra "campo" sola, y que tiene que ver con la energía. Cuando ahora se habla de campo se habla de ese espacio o lugar, si se puede utilizar el término, donde se encuentra entrelazada toda la energía del Universo. El campo energético que está constituido por toda la energía de lo que existe.

Desde que se determinó, claramente, que cada uno de los átomos de lo existente, incluido por supuesto de los del cuerpo humano, posee partículas subatómicas que no están compuestas por masa sino solamente por energía, entramos en una nueva era del desarrollo humano. Volviendo a utilizar otras palabras, una parte de nuestro cuerpo es materia y otra parte es energía. Una parte la podemos pesar en la balanza y otra parte no. Esta porción de cada ser humano está en contacto con la de los otros seres humanos y con la energía de cada átomo del Universo. Este concepto o conocimiento, que aflora a nuestra comprensión en los últimos años, da lugar a poder explicar hechos, situaciones, eventos, que antes no podíamos justificar o comprender. Desde lo más simple, como estar pensando en alguien que no vemos desde hace mucho, y de pronto verlo delante nuestro.

Todos los encuentros humanos, desde sueños que dan cuenta de cosas que luego pasan hasta curaciones espontáneas ante enfermedades de muy difícil cura, empiezan a ser explicados por el impacto de la energía en las enfermedades, en los cuerpos y en los hechos. Los pueblos originarios, nuestros ancestros, han dejado ideas muy claras sobre el uso de fuerzas que siempre fueron ajenas a los hombres modernos, tal como nos recuerda Gregg Braden.

Empieza abrirse una gran puerta en el conocimiento humano, se abre una nueva posibilidad de acceder a una nueva y poderosa herramienta, para ser utilizada en la vida de todos los días. Estamos en los albores de este conocimiento.

Como digo siempre, el primer impacto positivo es darnos cuenta, permitirnos recibir esta buena nueva y comenzar a incorporarla para que, con el tiempo, podamos desarrollar la manera o las múltiples formas de utilizarla.

El capítulo referido a la Creencia se entrelaza con el capítulo de Energía, pues debemos creer en todo esto, y en definitiva, el creer implica hacerlo posible. Creer es hacer real a algo en lo que empiezo a creer. Cuando lo hago realidad, empiezo a poder operar en esa realidad.

La cuestión energética

En el colegio, cuando nos empezamos a formar, no nos hablan del Ser, no nos hablan de la Felicidad, no nos hablan de la Energía. Da la impresión de que la sociedad no está preparada o no está conformada en la cantidad necesaria por personas que puedan, sepan y quieran adentrarse en estos temas.

El tema del Ser es un tema que parecería que podemos encarar cuando tenemos ya recorrida una cierta evolución en el planeta.

Se nos infunde la idea del hacer y del hacer con esfuerzo, y no nos hablan del ser. Se nos enseña a razonar, a pensar y nunca a sentir, a percibir a agudizar los sentidos y los mensajes que estos nos envían. Pasamos años y años razonando y pensando, y cuando alguien nos pregunta, o yo lo hago en alguna de mis charlas, ¿qué es lo que sienten?, las personas se desorientan. Las personas no están acostumbradas a sentir y conectarse con los sentimientos. Estamos acostumbrados a esforzarnos, a hacer y hacer.

Difícilmente podamos tener la oportunidad en la escuela de conectarnos con nosotros mismos, y con un sentido de unidad, de integración, con todo lo que nos rodea. Difícilmente alguien nos convoque a conectarnos con nuestra real vocación. Por supuesto que en Orientación Vocacional muchas veces nos acompañan en la famosa pregunta: "¿Qué vas a hacer cuando seas grande?".

Muchas veces aparece una vocación, un llamado, y de allí que elegimos una profesión para estudiar y luego aplicar, y muchas veces eso está bastante cerca de lo que deseamos. Pero no se encara el tema del Ser y se empieza, como dije antes, a confundir el Ser con el Hacer. Ser somos desde que nacemos, y dejamos congelado el ser para dedicarnos al Hacer.

Con la Felicidad pasa lo mismo, no nos hablan de ser felices, de cómo disfrutar de la vida, de todas las maneras en que podemos sentirnos libres y de cómo podemos volar hacia nuestros ideales y creer desde el ser.

Se nos carga de compromisos, de esfuerzos, de deberes ser, de obligaciones, de exigencias, y nos vamos convirtiendo en una suerte de deseos de otros, de ideas de otros, de intenciones de otros. Vamos cargando nuestra alma de peso, y en algún momento, y siempre y cuando tengamos el momento de lucidez adecuado, empezamos el camino de vuelta. El camino que nos lleva a tener menos peso, menos peajes para pagar, menos deberes ser. En definitiva, un camino que nos devuelva a la libertad.

Tampoco nos hablan de la energía. Sobre principios del siglo XX, los grandes maestros de la mecánica cuántica, Max Planck, Niels Bohr, Albert Einstein, nos decían que había partículas subatómicas, que no tienen masa, y que estaban constituidas solamente por energía. Estos últimos años se ha comprobado claramente que estas partículas son como pequeñísimos tornados, más específicamente nanotornados, que solamente son energía.

Esto quiere decir que cada una de nuestras células está compuesta por un porcentaje de materia, de masa, y por otro porcentaje de energía. De tal suerte, que los seres humanos somos por un lado nuestro soma, nuestro cuerpo que puede pesarse, y que ocupa un espacio determinado, y además somos una cantidad de energía.

El Universo funciona a partir de energía, cada planeta se mueve debido a la energía, las estrellas, incluido nuestro amado Sol, se mueve a base de energía, y a su vez emite energía solar. Por lo tanto, estos descubrimientos, que fueron postulados hace tantos años y verificados hace relativamente poco, nos dicen que estamos en condiciones de abrirnos a nuevas experiencias, conocerlas y utilizarlas. A su vez, si nos detenemos a mirar para atrás encontraremos muchos hechos que simplemente se justifican por una sumatoria de fuerzas compuestas por energía, y sin las cuales no podrían haber sucedido.

Al no conocer esta faceta de nuestra vida misma, y no recibirla e integrarla, no hemos podido, hasta ahora, darle una utilidad importante. Al reconocerla y aceptarla, se abre una gran puerta como paso primordial.

Somos, también, energía; de eso se trata. El tiempo dirá cómo podremos llegar a manejarla y utilizarla. Por eso la importancia del Ser.

En la medida en que podamos afinar nuestros deseos conscientes y no conscientes. En la medida que podamos tener más cerca de nuestros sentimientos, nuestros deseos, nuestras verdaderas y sentidas intenciones, podremos acceder a poderes muy importantes. No hablo de poderes sobrenaturales, ni que podamos volar o nadar en las profundidades del mar. Me refiero a poder vivir la vida con menos esfuerzo y más disfrute, con mayor plenitud y mayor felicidad. Hermanando nuestra energía con la del Universo, la existencia se nos va a presentar mucho más vivible, más amigable, más sencilla y, por ende, menos complicada. Mientras podamos evolucionar en nuestro propio conocimiento, podremos evolucionar en un proyecto de vida, mucho más funcional a la abundancia completa de la existencia.

La vida me sorprende a cada momento

Hace un rato me dijeron en un almuerzo en La Valleta, Malta: "Tu voz me trajo a un amigo que vivió en Brasil y que ya murió. En un momento cerré los ojos y mientras te escuchaba lo sentía a él hablando, pero eras vos". ¡Cuánto de esto nos pasa y cuánto de esto no sabemos! Pero, no obstante, algo empieza a entenderse, algo empieza a despertarse. El concepto creciente y que nos rodea cada día más es el de la energía.

Ejercicio - Energía

A) Recuerdo circunstancias raras de mi vida o extraordinarios encuentros o coincidencias. Las escribo:

....
....
....
....
....
....
....
....
....
....

B) Al leerlos, luego de haber leído el Capitulo 8, ¿qué pienso? Lo escribo:

....
....
....
....
....
....
....
....
....
....

Capítulo 9

Trascendencia y muerte

Derrotar al olvido

Tal vez, detrás de muchas de las angustias y temores que atraviesa el ser humano, se encuentre su vinculación con la trascendencia. Su manera de vincularse con ese espacio infinito que empieza el día en que partimos para no volver jamás. Es una lucha dialéctica, entre el aquí y el ahora y el más allá. Ese más allá que encierra todo, absolutamente todo y que, por lo tanto, genera las curiosidades más extremas. Un infinito antes y un infinito después. Vivimos entre dos infinitos, esa es la vida, un soplo entre dos infinitos.

Una de las intenciones del hombre en su camino terrenal es la de ser reconocido, amado, constituido; y el olvido, la no inclusión, la no aceptación, son los dolores de más difícil mitigación. No por nada, allá en la historia lejana, se le daba a elegir al condenado entre dos caminos: el exilio o la muerte. El exilio es ese equivalente al olvido al que me refiero. Son, en definitiva, dos formas de la nada, dos maneras de expresar y manifestar el ser destinado a la nada. Es que un cuerpo que se corrompe, o un cuerpo que se va a un lugar lejano, es un cuerpo que deja de existir. En realidad, más que un cuerpo es una persona que se convierte en un cuerpo, pues un cuerpo es una persona carente de energía, esto es un muerto. Muerto por haber muerto o muerto por dejar de estar, que sería algo parecido. Entonces, podemos afirmar que una enorme parte del trabajo o la intención del hombre pensante es todo aquello que puede ser para seguir siendo luego de partir. Cómo seguir estando cuando ya no esté. Cómo dejar una marca en el Universo, cómo dejar una huella indeleble, cómo dejar un mensaje que me sobreviva. Cómo hacerle saber a los hombres del mañana que yo estuve por aquí, que caminé por estos caminos, que miré estos árboles, que me enamoré de estas nubes y de estos pájaros. Cómo elegir testigos, cómo tener testigos perennes de mi vida, cómo darle a mi existencia un sentido de acá y de allá. Cómo desarrollar mi vida, de modo de seguir estando luego de mi partida. De nuevo, cómo derrotar al olvido, cómo seguir siendo alguien de quien se hable, de quien se tomen enseñanzas. Y aquí hago una pausa y me pongo a pensar en el ego.

El yo, eso que soy, esa sumatoria de aspectos, ideas, conceptos que me constituyen y que me proporcionan el motor diario para seguir este camino que no elegimos y que se nos ofrece como una elección o como una obligación. Ese ser, ese yo, ese ego, nació para ser. Ese haber nacido para ser posee una fuerza gigantesca que Darwin llamó "la lucha por la vida" y que Rogers denominó "la tendencia actualizante". Esa intención de ser, esa intención de seguir siendo, se extiende al tiempo que excede a mí mismo.

Estoy hablando nada más ni nada menos que de derrotar al olvido, cómo no ser olvidado, un sentimiento que se me hace muy pero muy humano.

Es lo que siento en esta nueva y original mañana de domingo en que, desde mi ventana, converso con los benteveos, con los gorriones, con los teros, con el pasto, el viento, el sol y las nubes. Esta idea de seguir permaneciendo me convoca a la mirada por sobre mi hombro y a atisbar el camino recorrido, el espacio de tiempo, entre ese instante en que vi la primera luz y el instante presente. Qué obras, qué actitudes, qué miradas, qué construcciones, qué acciones, qué sonrisas, qué simientes, fueron las que emanaron de mí, para ese allá, ese más allá, ese infinito que se acerca y empieza a mirarme. Esa lista, tal vez, que cada humano pueda escribir, que cada ser pensante pueda pensar, elaborar y seguir y volver a recrear, esos ladrillos que puedan haber sido puestos uno sobre otro, tanto en paredes como en las ideas, así como en el terreno físico como en el filosófico. Es una enumeración y descripción que sólo el que está en ese lugar puede hacer y confeccionar, la distancia, la magnitud de esa brecha que me separe del olvido. Es casi, diría el ingeniero, "directamente proporcional". Más vivido, menos olvido, más sonreído, menos olvido, pues acá, y sólo acá, paso a otro escalón.

Ese concepto tiene entidad al entrar a otro espacio del pensamiento y el sentimiento. Pues es y no es otro espacio, y acá voy. Cuanto más intensamente vivo, menos me importa el olvido, pero aun así se hace presente. Hay como un estadio en el que conviven ambos, el vivir intensamente y la idea de no ser olvidado. Y, tal vez, esté escribiendo la respuesta para exponer esa manera en la que me vinculo con el olvido. Esa respuesta es, quizás, como siempre gusto de decir, el eslabonar muchos momentos intensos, muchos momentos bien vividos, muchos momentos en los que el sentirse existente en ejercicio de serlo me aproxima a esa sensación tan sublime que algún día denominé "verdad", y es cuando ya ninguna pregunta me angustia y ninguna idea me preocupa.

Derrotar al olvido, vivir intensamente, dejar huellas, dejar marcas, sonrisas, hijos, obras, hechos, abrazos, lágrimas, angustias, y también alegrías. Se conforma una totalidad, se conforma algo especial en esta mañana en la que todo se confunde en una sensación de plenitud.

Y es aquí que vuelvo a mirar a ese chimango que me mira desde la rama y digo: ¡Qué lindo es mirarte, me siento pleno de hacerlo! Y a su vez le pregunto: Cuando no esté en esta ventana, ¿te vas a acordar de mí?

Un soplo entre dos infinitos

Es tan breve la vida, es tan efímera, tan corta, que me pregunto si estoy aprovechándola. Es una pregunta que se me presenta como saludable para que todos nos la hagamos cada tanto. Eso es la vida: un soplo entre dos infinitos, un pequeño espacio de tiempo para disfrutar, para encontrar un propósito y seguirlo. Bienvenidas todas las formas en que podamos incorporar herramientas para pasarla bien y ser felices.

Nos dice Emanuel Levinas, que "muerte es no respuesta". Woody Allen tiene otras palabras: "con eso de la muerte no estoy para nada de acuerdo"; y agrega: "no tengo ningún problema con ella, pero cuando venga no quiero estar allí para verla".

Estamos, como toda la humanidad que nos precedió, ante un enigma o misterio, algo inaccesible desde la vida. Claramente que nuestra vida adquiere valor a partir del momento en que sabemos que es limitada y que termina en la muerte. Cuanto más pensemos en la muerte, la hacemos presente y nos perdemos periodos de tiempo para disfrutar de la vida. Podríamos escribir durante años y siempre aparecerán criterios e ideas nuevas para representarla y describirla. Vivir intensamente, plenamente, pudiendo encontrar los tesoros que la vida nos ofrece todo el tiempo, es la manera más eficiente y alegre de desarrollarnos por la existencia.

Otro sabio nos dice: "Si estoy yo, no está la muerte, y si está la muerte yo no estoy, entonces por qué preocuparse". También hay quien asegura que si vivimos una vida tormentosa nuestra muerte será tormentosa, y si vivimos una vida pacífica y tranquila, así será nuestra muerte. En todo caso, se me hace muy lógico que si podemos recorrer con mucho amor el sendero que se extiende bajo nuestros pies, tenemos muchas posibilidades de que ese tránsito enigmático sea, a su vez, con amor.

Un buen morir se construye con un buen vivir. Un buen broche de nuestra vida, para ser apreciado por los que nos sucedan, será un broche acompasando a una vida bien vivida. Cada vez que reflexionamos sobre la muerte la mente se desliza hacia todas las maneras del buen vivir.

Capítulo 10

El ambiente

La importancia del ambiente en la vida

La nueva ciencia denominada "Epigenética" viene a alertarnos sobre la influencia que tienen el comportamiento, la vida sana, la adecuada alimentación y el manejo de las emociones en la salud y en la corrección de la información o el supuesto "mandato genético" en nuestras vidas.

El científico Bruce Lipton ha encontrado cómo el ambiente es muy importante en la vida de las células, así como Carl Rogers lo ha manifestado en la vida de las personas. Valga la verdad de Perogrullo: nuestro cuerpo está compuesto por más de 50 billones de células. O sea que tanto para nuestras células como para nuestra persona el ambiente es clave para el desarrollo de una vida sana. Lipton nos habla de la supremacía del entorno. Agrega: "Hay dos mecanismos mediante los cuales, un organismo puede transmitir la información hereditaria a sus descendencia, estos dos mecanismos proporcionan una vía para que los científicos estudien tanto la contribución de la herencia (los genes), como la contribución del medio (mecanismos epigenéticos) en el comportamiento humano". Sostiene Lipton que "el 95% de los cánceres de mama no se deben a herencia genética".

En 1995, la filósofa Eva Jablonka y la bióloga Marion Lamb escribieron en su libro, *Epigenética, Herencia y Evolución:* "En los últimos años, la biología molecular ha demostrado que el genoma es mucho más sensible y reactivo al entorno de lo que se suponía".

Volviendo a Lipton, nos agrega: "El ADN no controla la biología, y el núcleo no es el cerebro de la célula. Al igual que tú y yo, las células se adaptan al lugar en el que viven". Vemos cómo, igual que desde lo personal, en donde ninguna persona quiere permanecer en un lugar en donde no se sienta a gusto, la biología viene a decirnos cosas parecidas. Ninguna célula está bien cuando su ambiente, su entorno, es tóxico o contiene elementos que no son buenos para ella. Ninguna persona disfruta en un ambiente hostil. Es por eso que hay que darle importancia a la atmósfera, el ambiente es central en la vida, más allá de lo consciente y lo obvio.

El hombre se forma, se construye básicamente cuando es un niño, desde que nace y hasta los 6 o 7 años. Es esencial que el ambiente en el que crece, aprende y construye su confianza básica, sea un ambiente libre de amenazas, un ambiente confiable. Si esto se da así, ese hombre va a elegir ambientes similares y los va a generar, buscando dar, a su vez, confianza y seguridad a los demás.

Cuando se le da lo opuesto, cuando los padres o las personas más significativas en la vida del niño aportan agresividad y pretenden indicar conductas sin explicarlas y no acompañan los sentimientos de ese bebé/niño, impartiendo órdenes, sin darle lugar a las vivencias o reacciones, se conforma un ambiente no propicio al crecimiento, no adecuado para el despliegue libre de un ser humano en construcción.

Si no son validadas las necesidades y las conductas del niño, y son reprendidas y criticadas, hasta adjetivándolas, se está en presencia de una atmósfera que es percibida como riesgosa o amenazante para el despliegue del yo. Ese ambiente amenazante, esa falta de confianza que se percibe, hace que el niño no confíe en sus sentimientos y advierta que sus conductas pueden ser rechazadas por su padres, con el riesgo que esto implica. Va creciendo, alejándose de sus sentimientos y no confiando en sí mismo. Este divorcio entre su yo y la experiencia va constituyendo una incongruencia que le va a ir generando molestias a lo largo de la existencia. La falta de seguridad básica y de un funcionamiento libre se va a ir manifestando a medida que se convierta en adulto, de tal modo que va a ir dándose cuenta de que hay cosas que no se siente seguro con encarar, y a veces no va a saber por qué.

Es en un ambiente terapéutico, en un ambiente opuesto, en una atmósfera confiable, libre de amenazas, en el que el hombre puede reconstruir aquella confianza no construida y edificar una congruencia que le permita decidir libremente en su vida, como cuando era bebé y todavía no había sido amenazado y condicionado. Es aquí que el Counseling propone el camino de vuelta en el que se pueda recrear esa atmósfera tan buena para el hombre como para cada una de las células que conforman su cuerpo. Como manifesté tantas veces, la libertad es la mejor manera en que el hombre puede desplegarse como sociedad, en donde puede moverse, decidir, elegir sin limitaciones sobre los pasos de su vida.

Dentro de la libertad, los ambientes confiables en los que se pueda manifestar a través de la expresión de sus ideas son los más adecuados y facilitantes del despliegue y del crecimiento humano. He aquí la coincidente información que nos suministra la vida misma. Tanto nuestras unidades celulares como nuestra persona necesitan lo mismo: libertad, buena nutrición y, por ende, confianza dentro de la cual desarrollar su existencia.

Ejercicio - El ambiente

A) ¿Cómo percibís el ambiente en tu vida?

	Malo	Regular	Bueno	Muy bueno
Casa				
Trabajo				
Barrio				

B) Si tenés cruces en Malo o Regular, ¿qué cambios pensás introducir para corregirlos? Lo escribo:

....

....

....

....

....

....

....

....

....

....

Capítulo 11

¿Qué es vivir?

Estamos acostumbrados a llamar "vida" a la sumatoria de actividades que desarrollamos entre el nacimiento y la muerte. A partir del momento en que tenemos uso de razón y podemos simbolizar y pasar por nuestra conciencia a los hechos de nuestro derrotero, nos basamos fuertemente, en el razonamiento, el pensamiento y la reflexión, propias del hemisferio izquierdo. Todo lo que nos pasa lo sometemos a la razón, todo lo que nos sucede es pasado por el tamiz del pensamiento racional. En un momento dado, las preguntas empiezan a tomar profundidad y la curiosidad aumenta. Nos sigue acompañando la razón durante toda esta parte de nuestra vida.

Llega un momento en que aparecen las preguntas fundamentales o más difíciles de responder, y ahí nos topamos con el límite de nuestra razón. Nuestra CPU, nuestra mente, nuestra razón, no puede darnos las respuestas que nos daba hasta unas preguntas atrás. Nos hemos encontrado con el mismísimo límite de ella. Nuestra razón no nos puede sacar de este pantano. No puede acompañarnos a cruzar este río, por lo tanto nos despedimos y seguimos solos. Aquí nos encontramos por primera vez con una sensación que va a caminar junto a nosotros, casi todo lo que resta del viaje. Aquí empezamos a conocer de qué se trata la sensación de angustia. Aquí iniciamos un camino en la sola compañía de esa señora. ¿Hasta cuándo?

Ese segundo tramo va a dar paso a un tercer plano que se inicia cuando nos damos cuenta de algo esencial y fundamental que no nos lo enseñan, por lo general. Es cuando nos conectamos con nuestro sentir, con nuestros sentimientos, con nuestra parte sensible. Es ella la que pasa a acompañarnos en este tercer tramo de nuestra vida. Las preguntas sin respuesta, las preguntas que angustian, empiezan a tener satisfacción, aunque no respuesta. Cuando la mente se aquieta, cuando la razón descansa, cuando la conciencia se toma un respiro, es la sensibilidad quien nos saca de la angustia y coloca un velo delante de esos interrogantes, y la paz retorna a nuestros corazones.

A través de la sensibilidad, del mundo sensible que tenemos dentro, a través de nuestro hemisferio derecho podemos enfrentar las preguntas que no podíamos enfrentar antes. Cuando la mente se aquieta, cuando la razón descansa, empezamos a ejercer la existencia, empezamos a vivir sensiblemente, empezamos a vivir propiamente dicho. Vivir de verdad, vivir sintiendo la vida, sintiendo la existencia. Cuando no pensamos, nos dedicamos a meditar o a contemplar, no aparecen esas preguntas que no tienen respuesta. Cuando observamos, cuando olemos, cuando sentimos lo que toca nuestra piel, cuando degustamos un sabor, cuando escuchamos una melodía, estamos en el centro de nuestra vida real. Hemos pasado a tomar el volante y empezamos a vivir con plenitud esto que venimos llamando "vida". Cuando contemplo un árbol, entiendo, cuando miro un pájaro volar, cuando huelo el aroma de una flor, cuando escucho cantar, entiendo, no me hago preguntas. Comienzo a entender de qué se trata la vida.

Empiezo a darme cuenta por dónde es, de qué manera es, cuál es el rumbo que deberé tomar a partir de ahora. Lo que estoy tratando de decir es apartar las explicaciones, apartar las definiciones, apartar los adjetivos. Una rosa es una rosa, y la llegaré a comprender cuando sienta su aroma, no necesito explicar qué es. Cuando miro la sonrisa de mi hija, comprendo, no necesito decir nada. Los colores de la naturaleza me dan clase, los cantos de los pájaros me enseñan. El viento es otro maestro, junto con la lluvia, el calor, el frío, la luz y la sombra de la noche. Cuando siento, comprendo; cuando siento, entiendo. Entonces, decir que vivo es, a partir de este instante, esa sumatoria de momentos en los que no me hago preguntas, no explico nada, no coloco ningún adjetivo, no veo lo alto o lo bajo o lo gordo a lo flaco, o lo bello o lo feo. No. Lo que veo es lo que es. Lo que observo es lo que es y cuando lo hago estoy viviendo. Estoy empezando a vivir, estoy naciendo de nuevo, estoy dándome a luz. Porque de eso se trata, de ver la luz, o tal vez ver otra luz, una más limpia, una menos contaminada, una más diáfana.

Buenos momentos

Qué es la vida sino una sucesión de momentos. Sí, parece simple, claramente que es muy simple. La vida es una sucesión de momentos, de instantes… Es simple, muy simple, por eso cuando edificamos expectativas gigantes, proyectos importantes, que está muy bueno hacerlos, es significativo no perder la idea de que con solo buenos momentos la vida puede vivirse felizmente. No hace falta llegar a grandes circunstancias, a grandes realizaciones, a grandes éxitos. Con solo vivenciar y disfrutar de buenos momen-

tos, la vida puede ser maravillosa. Es como un intento de re ubicar, re significar, la manera en que desarrollamos nuestra existencia. Alcanza con buenos momentos, es suficiente. Claro que nos
cuesta, a veces tenemos que hacer un esfuerzo para poder verlo,
darnos cuenta. Hagamos proyectos, planifiquemos futuros, ideas,
emprendimientos, es bueno para crecer, para desplegarnos. Pero
simultáneamente no perdamos de vista que con pequeños espacios de disfrute la vida puede ser plena, estar llena y ser muy pero
muy feliz.

Las intermitencias de la vida

El gran escritor portugués Saramago escribió *Las intermitencias
de la Muerte.* Yo me animo a escribir sobre las intermitencias de la
vida. Y salto al ruedo rápido y digo qué es la vida sino una forma
de intermitencias.

La vida, por un lado, es un continuo fluir de experiencias, vivencias, situaciones, circunstancias, y por otro lado es también, y
a su vez, una serie de intermitencias. Encuentros y desencuentros,
éxitos y fracasos, alegrías y tristezas, sabores y sinsabores, calores
y fríos, noches y días, luces y sombras, se puede y no se puede, me
animo y no me animo, pruebo y no pruebo. No estamos todos los
días igual, no podemos estar todos los días igual.

Alguien me dirá que sí, que fulano o sutano son muy parejos,
que se los ve siempre de buen humor o siempre de mal humor.
Sí, también es así, pero los ritmos de la vida, los humores, las situaciones que nos rodean cambian todo el tiempo a nuestro alrededor. Por momentos me lanzo a la vida y disfruto y sonrío y
me siento pleno, y de pronto me encuentro con la otra cara de la

luna y todo cambia, y yo cambio y algo surgió, yo me siento distinto. La vida es intermitente, la vida es un proceso intermitente. Como todo proceso, se desliza sucesivamente y a la vez tiene características de intermitencia. Arranca y para, a veces más suave, a veces más fuerte, y también frena y acelera, pero sigue en forma continua e intermitente. ¿Podemos recibir esto? ¿Podemos aceptar esto? ¿Que es un proceso y a la vez que tiene intermitencias? Si podemos recibir este concepto, esta idea, estaremos más preparados para comprender la vida y sus circunstancias. Lo que nos rodea y nosotros estamos vinculados por una relación dialéctica que va cambiando y rotando y eligiendo nuevas formas cada vez. Para poder disfrutar más de la vida es esencial su comprensión. Cuando comprendemos la vida, nuestro *kairos* se acomoda y nos deslizamos armónicamente. Los tiempos, los destiempos, externos e internos, sus diferencias. A veces la vida irrumpe con fuerza y nos lleva por delante, como una gran ola en la playa que nos revuelca y nos arranca desde una sonrisa hasta un lamento. Y a veces se toma una pausa, un respiro, y acompañar eso es ir surfeando la ola de la existencia con la elasticidad necesaria.

Capítulo 12

El amor

"Amar es liberarse del miedo"
Gerald Jampolsky

Al recorrer sus páginas me fui zambullendo en conceptos que no conocía y que me empezaron a resultar muy amigables. Luego leí toda la obra escrita por él, que fue dándome un cúmulo de información que no tenía hasta ese momento, y que fue de gran ayuda para la etapa que se avecinaba en mi vida.

Lo que me fue ocurriendo luego fue tan fantástico y transformador que fui atravesando por mi propia experiencia y haciendo mi propio camino, a partir de la gran obra de este prestigioso y querido psiquiatra. Fueron las circunstancias de mi propia vida las que me fueron guiando a incorporar fuertemente estas ideas y hacerlas carne de mi carne.

Una buena parte de mi vida me vi envuelto en amor, como casi todo el mundo. Pero a su vez, durante una buena parte de mi vida, no me sentí amado y querido. Esta manera personal y única en percibir lo que los otros emitían hacia mí fue determinando que empezara estudios sobre el hombre, para aclarar cómo era para mí el dar y recibir amor. Fui comprendiendo cómo era el impacto en mí ser cuando percibía el amor y cuando no percibía el amor. Es muy distinto sentirse amado que no sentirse amado. A su vez, qué importante es darle lugar a lo que los otros sienten que hacen. Escuché decir "esta es mi manera de amarte, yo amo así". Y darme cuenta que esa manera en que se percibían dando amor no era la que me llegaba a mí, no me sentía querido de "esa manera". Entonces aparece allí una mayor complejidad en la vida: mis sentimientos y mi congruencia y los sentimientos de los otros y su congruencia. Y, como cada uno está compuesto por muchas intenciones, a veces coincidentes y a veces encontradas y no solo una, se complejiza más.

En todo caso, el vastísimo mundo interior del hombre y sus relaciones con los demás es un infinito de posibilidades y es una maravilla poder ir comprendiéndolo poco a poco. Entonces, cuanto más fui conociendo y buceando en ese vasto interior que menciono, más fui verificando esta frase se Jampolsky: "Amar es liberarse del miedo".

Cuando nos sentimos amados se alejan los miedos, ceden los temores e incluso muchas de las denominadas fobias. Se van cayendo una a una las sensaciones de temor cuando advierto y percibo y recibo el amor de otra persona. El amor vence al miedo, siempre. El amor, esencia natural de todos los seres humanos en la medida que lo ejercemos, lo sentimos, lo vivimos, derrota por completo a todo temor, a todo miedo.

Capítulo 13

El ser

Estando en Rishikesh, en el norte de la India, con un maestro Rajendra Prasand. Le pregunté: "¿Quién sos?". Fue fuerte el impacto cuando escuché su respuesta: "Yo Soy", me dijo, muy tranquilo y seguro.

Por supuesto que había leído en numerosos escritos desde La Biblia hasta muchos libros de sabiduría sobre el YO SOY, pero es muy distinto cuando recibís la respuesta e intentás integrarla con tus conocimientos y experiencias de toda la vida. Es muy interesante el tema del Ser y sus implicancias. Nos confunden cuando de chico nos preguntan "¿Qué vas a ser cuando seas grande?". Y, en todo caso la pregunta correcta sería: "¿Qué vas a hacer cuando seas grande?". Porque Ser ya somos desde el momento de nacer, desde el momento de ver la primera luz. A partir de allí, se empieza con la confusión entre Ser y Hacer. Las personas, por lo general, se definen desde el Hacer en la vida de todos los días, porque no estamos acostumbrados a conectarnos con el concepto de Ser. El Ser, para el maestro Ragendra, sería que si lo miramos hacer nos daremos cuenta de quién es, o sea que el ser coincide con el hacer. Es una persona que ejerce su Ser, con su acción y su hacer.

El Ser sería la expresión más acabada del hombre en cuanto a ejercer su propósito en la vida. El Ser sería un concepto coincidente con el Sí mismo. Toda nuestra vida tenderemos a aproximarnos a ese Ser que somos, a medida que crecemos como personas, que nos desarrollamos y que vamos iluminando más partes oscuras, integrándolas a nuestra existencia.

Siendo, hacemos

Desde que nacemos el verbo "hacer" pasa a constituir un verbo muy importante, tanto que casi no podemos parar de usarlo y ejercerlo. Casi no podemos parar de hacer, hacemos todo el tiempo y esto está asociado al esfuerzo. Hacer implica esfuerzo, y hacer mucho implica mucho esfuerzo. Lo que comprendí hace algunos años es que el único que hace esfuerzos para ser, es el hombre. La naturaleza no hace esfuerzos para ser. Todo lo que nos rodea es. Nosotros también somos, pero no obstante ponemos en marcha la acción y el esfuerzo, para hacer y seguir haciendo. Tenemos incorporado el concepto de que para que las cosas ocurran algo hay que hacer. Tenemos que hacer para que esto o aquello acontezca. La vida nos demuestra en muchas oportunidades que ella fluye fácil, sin esfuerzo. La vida no requiere esfuerzo ni tanta acción. Si nos vamos alineando con aquel que somos, cuanto más estemos alineados, menos tenemos que accionar, menos tenemos que hacer, pues el simple y básico hecho de ser tiene una fuerte influencia a nuestro alrededor.

Cuando vamos afinando nuestro ser, se van liberando los esfuerzos, se van aclarando los conceptos y nos vamos aventurando en una dimensión del entendimiento, que tiene que ver, claramente, con esta idea de ser y cada día y a cada instante ser más quienes somos. Cuando estamos siendo, ejerciendo la existencia que nos fue dada, los otros nos ven, el afuera se da cuenta de nuestra presencia. El Universo que nos rodea percibe nuestra esencia, percibe que estamos y somos. Entonces, y recién entonces, empiezan a ocurrir cosas que antes no entendíamos. Se dan situaciones, aparecen proyectos, sugerencias, intercambios, posibilidades, contactos que no implicaron hacer nada de nada. Simplemente con ser ese que somos e ir siendo cada vez más ese que somos, el afuera de nosotros actúa, propone, acciona.

La doctrina del esfuerzo está asociada a una tarea a cumplir, a una tarea que tenga que terminar en un tiempo definido, y cuanto más urja darle fin, deberé poner más esfuerzo en apurarme y finiquitarla. O cuando tenga que utilizar la fuerza de mi cuerpo para trasladar un objeto, correr de lugar algo pesado, intentar empujar el auto para que arranque, etc., deberé hacer un esfuerzo físico, mayor o menor del que venía haciendo para que algo ocurra en ese momento. Para todo lo otro no corresponde ni es eficiente hacer esfuerzo.

Tal vez la tarea de la vida de todos nosotros sea aproximarnos cada vez más a saber quiénes somos, para qué estamos y hacia dónde vamos. Y, en la medida que afinamos esas respuestas, podremos funcionar más y mejor sin ejercer el más mínimo de los esfuerzos. Simplemente siendo, podemos hacer que las cosas ocurran.

Ante una crisis, más ser

Cuando surge la crisis, cuando nos envuelve la perturbación, cuando nos nubla la tormenta, siempre hay refugio. Así como lo consigno en otra parte de este trabajo, poseemos una manantial interior de alcance infinito. Poseemos los seres humanos un interior vasto y sabio que sabe cómo se sortean las dificultades. Todas las salidas se encuentran adentro, también lo escribí en otro de mis libros. Muchas maneras de percibir y describir eso que nos constituye y que se erige como un lugar a salvo, como un lugar de refugio, un lugar de sosiego y de pausa. Al infinito externo sólo podemos empardarlo con nuestro propio infinito interno. Y ese infinito interior, ese refugio, ese lugar de calidez, de mimo, de cobertura existencial, es donde habita nuestro ser. Y es nuestro mismo ser el que tiene las llaves de todas las puertas.

Hay un llavero infinito que nos permite atravesar todos los cerrojos, que nos permite trascender todas las puertas y portones que se nos oponen en la vida. Entonces, cuando sobreviene la crisis, cuando se nos nubla el alma, cuando la confusión nos rodea, es tiempo de darle de comer a ese Ser que mora en nuestro interior. Más Ser, cada vida, más Ser. Más meditación, más pausa, más interior, más conocimiento personal. Cuanto más Ser, más fácil, cuanto más Ser, menos hacer. Lo venimos escribiendo de distintas manera y lo vamos afinando cada vez más. Poder recorrer los senderos de ese Ser nuestro, poder agigantar los espacios que conocemos de él, es el camino adecuado para trascender las crisis y atravesar las nieblas y tormentas. Confiar en ese Ser, confiar en esa Esencia natural de nosotros y alimentarla, descubrirla, iluminarla, es el camino, para trascender lo que la existencia nos ponga delante.

Ejercicio - El ser

Te propongo que contestes tres preguntas, que escribas lo que salga, sin vueltas, sin vergüenza ni timidez.

A) ¿Quién soy?

....
....
....
....
....
....
....
....
....
....

B) ¿Para qué estoy?

....
....
....
....
....
....
....
....
....
....

C) ¿A dónde voy?

....
....
....
....
....
....
....
....
....
....

Capítulo 14

La adversidad

Se dice de la situación que se presenta como no favorable. Lo adverso es lo contrario a lo fácil y fluido, es algo que se opone a mi decisión o mi acción. Podríamos decir que una adversidad es una oposición a que las cosas fluyan u ocurran como uno quiere. Se habla también de "suerte adversa" o "mala suerte" cuando las cosas salen mal. O, a su vez, cuando salen distinto de como queríamos o planificamos.

También podemos consignar que algo puede ser adverso, o puede ver una racha adversa o un tiempo adverso. Y, me pregunto: ¿cuánta adversidad puede soportar un hombre? Porque podemos decir que algo puede salir diferente de como yo quiero, o se pueden presentar situaciones inesperadas que se constituyen en un presente adverso.

La vida es incertidumbre y un cambio permanente de circunstancias, por lo tanto puede haber una sucesión de adversidades que generen una situación de gran desasosiego y de sensación de derrumbe.

El hombre cuenta con la capacidad de enfrentar todo lo que se le pone adelante, podríamos decir que "fue diseñado", que "de fábrica" posee dicha característica.

Me gusta decir que si hay algo que parece superarme, es que no encontré todavía los recursos personales para enfrentarme con éxito a eso que tengo enfrente. Si vamos al extremo de la supervivencia, indudablemente la principal adversidad de un hombre existente en este mundo es pasar por la situación de tener que enfrentar su propia muerte, o al riesgo serio de acercarse a la finitud.

Sin ningún lugar a dudas, estar frente a la muerte es la máxima adversidad por la que tiene que atravesar un ser humano. Aun así, hay registrados numerosísimos casos de personas que han enfrentado con hidalguía y entereza esta circunstancia. Más aún, miles de seres humanos han superado con enorme coraje terribles enfermedades que implicaron las más grandes de las adversidades.

Por lo tanto, está muy claro que el hombre posee casi infinitas herramientas para hacer uso de ellas a lo largo de su vida. En el medio de los extremos, nos vemos sometidos a distintos tipos y duraciones de adversidades.

Hay hombres que dicen que por favor el año termine ya, no quiero más, dando a entender que no pueden hacer frente a más complicaciones o adversidades. Es que, en casos así, perdemos noción del valor del tiempo escaso con el que contamos para experimentar la vida en este planeta. Es tan súbitamente cambiante la existencia, que en medio de adversidades pueden aparecer gigantescos oasis que nos permitan el disfrute y el remanso.

Seguir adelante, pugnar por identificar pequeñas luces, espacios de claridad, es tal vez una de las características propias del devenir humano. No entregarse, no rendirse, no detenerse. Sí pausarse, descansar, restañar las heridas, curarlas, para luego seguir intentando, buscando.

El hombre avanza todo el tiempo, cuando quiere. A pesar de lo adverso, siempre hay espacio para seguir. Siempre hay lugar para colocar nuestros pies y caminar hacia adelante, hacia nuestro destino.

Puede ser más lento, puede ser lastimados, pero seguir. Estamos diseñados, también, para seguir. La vida es incertidumbre, es cambio y es seguir. Enfrentar las adversidades, recibir los golpes, pero seguir, siempre seguir.

Ejercicio - La adversidad

Sentate cómodo en un lugar privado.

Tené a mano una hoja de papel y alguna lapicera.

Luego:

1) Cerrá los ojos, y sentí cómo entra y sale el aire de tu cuerpo, dándole un tiempo de relajamiento a toda tu persona.

2) Recordá momentos de tu vida en las cuales te enfrentaste a situaciones adversas.

3) Escribilas a continuación:

....

....

....

....

....

....

....

....

....

....

4) Volvé a recordar cómo fue que se resolvió cada una de ellas o qué hiciste vos para ello.

5) Tomate unos minutos para advertir si esas situaciones y sus resoluciones te aportan, en el día de hoy, una mirada distinta ante nuevas situaciones de adversidad.

....
....
....
....
....
....
....
....
....
....

Capítulo 15

El cambio

La vida es cambio e incertidumbre. Todo cambia a nuestro alrededor, todo el tiempo. Estamos rodeados de personas que piensan, sienten, deciden, actúan e interactúan. Muchas de nuestras decisiones afectan a otros y las decisiones de otros nos afectan a nosotros. Por lo tanto, estar adaptados al cambio nos permite fluir con las circunstancias de mejor manera.

Los otros deciden y nosotros podemos decidir con lo que los otros deciden. En el medio de este proceso se suceden las crisis, los conflictos y, por momentos, el hombre parecería querer que nada cambie, que todo se quede como está.

Tal vez una de las cuestiones más difíciles de nuestro tránsito terrenal sea esa adaptación a los cambios, esa capacidad de poner en práctica la asimilación a los cambios y, a su vez, la toma de decisiones que los cambios muchas veces obligan en nosotros.

Las sociedades muy avanzadas, las civilizaciones más estables, sufren menos cambios que en los países como la Argentina, en donde los márgenes de cambio son extremadamente grandes.

No obstante, el hombre que acude a una consulta psicológica muchas veces pide ayuda para poder cambiar algo de su vida que le es difícil hacer en soledad. Son cuestiones personales que no satisfacen al que las siente o las percibe, que necesitan, deben y quieren ser cambiadas.

Escucho decir a menudo: "¡Quiero cambiar mi manera de reaccionar! ¡Quiero cambiar la forma en que trato a las mujeres! ¡Quiero cambiar mis miedos! ¡Quiero cambiar mi trabajo! ¡Quiero cambiar de pareja! ¡Quiero cambiar mi humor por la mañana!"… Podría seguir agregando intentos de cambios de gran cantidad de situaciones, o actitudes.

En todo caso, lo importante es el vínculo entre el cambio y el ser humano. Cuál es la manera en que me relaciono con el cambio.

¿Qué tanto puedo cambiar?

Hay cambios que hacemos automáticamente, otros que llevamos a cabo luego de un pequeño esfuerzo y otros que se nos presentan muy complicados de llevar a cabo. En todo caso, podemos dividir, groseramente, el cambio en dos grandes partes: el cambio dentro y el cambio fuera de mí.

Acá introducimos una variante muy importante, que es el tiempo. Los cambios requieren un tiempo, algunos poco, otros mucho. Y el tiempo, en numerosos casos, es la gran clave de mi relación con el cambio.

¿Qué tiempo estoy dispuesto a insumir en este o aquel cambio que quiero introducir? ¿Qué disponibilidad percibo que tengo para el cambio que tengo que encarar? Cuando hablo de disponibilidad, hablo de tiempo y también introduzco otra variante, el esfuerzo.

De tal suerte que me pregunto, ¿cuánto tiempo y cuánto esfuerzo estoy dispuesto a poner en juego para cambiar lo que quiero cambiar? Si como persona estoy en camino de una maduración creciente, si estoy inmerso en un proceso de auto-actualización de mi yo y de mi autoconcepto, puedo encarar procesos de cambio con menos esfuerzo y con menos tensión psíquica.

Esto me lleva a consignar que, si estoy fluyendo en este proceso, es porque, a su vez, he adquirido la capacidad de aceptar mis aspectos con mayor naturalidad y menor tensión. Y cuando hablo de mis aspectos hablo de aquellos que me placen y los que no me placen, los que me gustan y los que no me gustan. Puedo aceptar muchos de mis aspectos.

El cambio humano interno necesita un insumo básico y esencial, que no es otro que la aceptación de eso que deseo cambiar. Por ende, el escalón primario para producir un cambio en mi interior es pasar del rechazo o el enojo sobre aquello que me disgusta, a la aceptación de reconocer que esto que no me gusta es una parte clara de mi persona.

Estamos recorriendo el proceso del cambio en lo referente a un aspecto personal de mi interior, de lo que me constituye a mí como ser humano que soy. Según las circunstancias, puede ser mucho más difícil introducir un cambio personal que en mi vida aplicada, o sea, en mi vida exterior.

Obviamente, inexorablemente, todo cambio que introduzca en mi interior va a tener una implicancia en mi vida exterior, en mi vida aplicada hacia el afuera.

Por otro lado, también el tiempo y el esfuerzo, dependiendo de las circunstancias, será distinto: hacia adentro que hacia fuera.

Vamos hacia lo que denomino como "afuera", que se espeja en los cambios que realizo hacia adentro. Si quiero cambiar de trabajo, deberé evaluar mis capacidades para hacerlo, las necesidades de los demás respecto de mi aptitud para darles satisfacción; y todo el mundo de características implícitas, como condiciones, ambiente, horario, remuneración, etc. En todo caso, mi autoconcepto será clave para que yo decida encarar el proceso de cambio de trabajo o no.

Hay una suerte de vasos comunicantes entre la percepción de mi posibilidad de cambio en el mundo externo con la sumatoria de pensamientos y sentimientos acerca de mí que poseo.

Llegamos a otro punto clave, que es preguntarme si creo en que puedo. Si es que estoy munido de la sensación de que ese cambio es posible y yo estoy claramente en condiciones de encararlo.

Si ampliamos más el espectro del escenario de mi vida, podemos casi generalizar lo que venimos consignando. Si mi deseo es cambiar de pareja, los condimentos son los mismos pero se complejizan, pues se agregan otros aspectos respecto al cambio de trabajo, que está más basado en aptitudes y habilidades y no tienen, a priori, demasiada referencia a los afectos.

Cuando hablamos de afectos tenemos que hablar de amor, y allí entramos en un terreno en el que el Eros tiene una influencia central. Lo relativo, lo interpersonal, aflora con fuerza como insumo básico de una pareja.

Entonces, el cambio de pareja adquiere una complejidad mayúscula entre los cambios a los que quiere acceder una persona.

Llamar complejo al tema, no quiere decir que no pueda ser simple a la vez, pues los factores que están en juego son mayores y no dependen exclusivamente de aquel que busca un cambio.

Cambiando de ángulo de mirada, agregamos otras cuestiones que están imbricadas en el cambio mismo. El cambio es portador de duelos y también de sufrimientos. El cambio implica elegir algo distinto a lo que elegí antes cuando me refiero al cambio hacia fuera.

Si volvemos al hombre, en su adentro, pretende incluir cambios sobre creencias o constructos o actitudes o sentires que fueron conformados desde sus padres y sus otros significativos, y las circunstancias de la vida vivida.

Aclaro esto, pues no han sido elegidos, previamente, aquellos aspectos que quería cambiar.

En el mundo del afuera se trata de vivir eligiendo, optando, dejando atrás cuestiones viejas y emprender la llegada de cuestiones nuevas.

Nos desprendemos cuando cambiamos y muchas veces sufrimos, simultáneamente.

Duelamos ante los cambios, nos desprendemos, a veces nos desgarramos, en el camino de modificar nuestra vida.

Indudablemente que el ser humano decide cambiar, pues percibe que va hacia situaciones mejores que las anteriores. Cambian las circunstancias a nuestro alrededor. Cambiamos cuestiones personales. Decidimos cambiar en la aplicación y en el ejercicio de nuestra vida. El cambio está entrelazado con la existencia humana.

Es un vínculo dialéctico permanente que sólo acaba con el gran cambio entre la vida y la muerte. El gran cambio final es el de la existencia y la no existencia.

Acá también podemos aportar algo esencial a nosotros, si bien esto es muy discutible y, por ende, extraordinario. Este aporte se explicita reflexionando acerca de la sumatoria de las decisiones que tomo en mi vida y en mis últimos momentos para influir en mi último gran y definitivo cambio.

¿Podemos influir en la manera en que vamos a morir? ¿Podemos influir en las características que van a rodear nuestro morir? ¿Moriremos como habremos vivido? ¿Qué tan fuerte será la influencia de la voluntad, ya sea consciente o no consciente, en mi postrer cambio?

Empezábamos diciendo que la vida es cambio, la existencia es cambio. Finalizamos, valga la redundancia, también diciendo que la muerte también es cambio, nada más ni nada menos que el último cambio.

Facilitando procesos de cambio

Me resulta una de mis actividades más inspiradoras. Acompañar y facilitar procesos de cambio, ya sea individuales como grupales o de empresas, es una de las tareas que encuentro más fascinantes.

La transformación y el cambio han sido, a lo largo de toda mi vida, atractivos, subyugantes y atávicos.

Es como que ayudar a esta suerte de alquimia, cautiva y seduce a mi alma. Si bien tengo separado el Ser del Hacer, estos aspectos de mis tareas me acercan a la parte más hacedora y constructora de mi Ser.

Influir, sumar, orientar y luego ver el proceso, el fluido de la experiencia, genera que mi sangre circule con más fuerza, con mayor ímpetu.

Tiene que ver con devolver, tiene que ver con traspasar aquella sumatoria de saberes o aptitudes que me fueron enseñados y transmitidos hacia otros destinatarios. Poder compartir herramientas que puedan servir a otros en su tránsito.

Es la excitación ante la posibilidad de que un hombre, o un grupo o una empresa, modifiquen algo que necesitan modificar para funcionar mejor. Tal vez se trate de poder hacer o seguir haciendo a través de lo que hagan los otros. Como lograr que mi obra continúe en la obra de otros, en la transformación de otros.

Lo percibo como ontológico, esencial, constituyente de mi ser ayudador y facilitador.

La comunicación

En realidad, si me permito describir un poco más ampliamente lo que hago cuando ejerzo el Rol de Orador ante un Auditorio o Facilitador de proceso de cambio, o periodista cuando estoy detrás de un micrófono, podría decir que Facilito Procesos de Comunicación y Cambio. Pues la comunicación es central en los procesos de cambio.

Facilitar la comunicación es ayudar a utilizar un vehículo imprescindible para el cambio. Entendiendo que las fallas en la comunicación son las causas de innumerables crisis y conflictos entre las personas en el ámbito de que se trate.

Todos emitimos señales a través de las palabras o de los gestos, posturas, entonaciones. Esas señales son recibidas de muchas maneras diferentes de las intenciones que llevan superpuestas por nosotros.

En cuanto a la emisión y recepción, la pregunta es cómo lograr que haya fidelidad entre el que emite y el que recibe. Es uno de los trabajos claves. Entre personas que manifiestan su confianza o se conocen, podemos hacer un chequeo de la percepción. Pero en nuestro vínculo intrapersonal, es más difícil.

Una buena comunicación es importante ya sea entre aspectos míos internos, como entre las personas, se trate del tipo de vinculo que se trate.

El contenido de la comunicación es información. Por eso es tan importante que la información que queremos transmitir llegue adecuadamente, para que sirva la comunicación.

Ocuparnos de mejorar la manera en que nos comunicamos, la forma en que emitimos y recibimos información, es muy necesario para los procesos de cambio. Muchas veces, todo el problema se basa en una mala comunicación.

En una falta de empatía mutua, para intentar comprender lo que engloba la palabra y la gestualidad del otro, en un diálogo, en un simple intercambio.

Capítulo 16

La vida como proceso

Desde siempre, desde nuestra infancia, observamos la vida como escalones y como certificaciones de certezas. Primario, Secundario, Universidad, Casamiento, Hijos, Trabajo, Crecimiento, Logros, etc., etc. Cuando miramos la vida como escalones y con objetivos a cumplir, muchas veces, si sumamos los "deberes ser" y las exigencias, empiezan las frustraciones. En tanto tiempo tengo que lograr esto y aquello y lo de más allá. Empieza la ansiedad, empieza el stress, cuando logre esto y cuando logre lo otro, entonces recién podré hacer esto o aquello. La vida se organiza en etapas, en escalones, en lugares fijos, y no es difícil que nos acerquemos a sentirnos algo así como objetos que deben ubicarse en lugares específicos. Está como estipulado el tiempo que me llevará cumplir cada etapa, satisfacer cada objetivo. Aprendemos a ver la vida dinámica pero con mojones, y empezamos a delinear cuál es nuestra forma de ser, y empezamos a dejar fijos conceptos que pretenden definirnos, explicarnos, decir cómo somos.

Decimos "soy rígido", "soy inteligente", "soy tímido", "soy fuerte", "soy débil", "soy tonto", "soy astuto", "soy duro", "soy rápido", "soy lento"... y podríamos seguir muchísimo tiempo más expresando lo que decimos que somos, lo que creemos que somos. La mirada fenomenológica, la mirada descriptiva, la manera de poder empezar a dar un giro a nuestra manera de observar la vida con esta apertura, a no saber cómo será, a no saber cómo pasará, a no saber de qué manera lo haré, nos conduce a una forma muy distinta y liviana de vivir nuestra vida.

No somos los mismos cada día, somos diferentes, sentimos distinto, pues todo cambia alrededor nuestro y, por ende, somos susceptibles de cambiar todo el tiempo como seres humanos. Poseemos la fascinante posibilidad de vivir nuestra existencia en un proceso de permanente cambio y desarrollo. Poder ver nuestra propia vida como proceso, poder ver nuestra carrera como proceso, nuestras relaciones como proceso y, en general, todo lo que ocurre como parte de un proceso, nos aliviana la vida, nos la hace más fácil. Poder decir que estoy en proceso de esto o de aquello es más liviano que decir "tal día espero cumplir con esto" o "tal día espero terminar aquello". Estoy en proceso de desarrollar mi vida. Estoy en proceso de modificar mi peso. Estoy en proceso de adquirir más conocimientos sobre el hombre. Estoy en proceso de cambiar mi profesión, a fin de darle un toque más humano para ejercerla.

Sentir que estoy en una cinta transportadora de la cual no sé el largo que tiene, y que me está llevando hacia donde quiero, es mucho más liviano para desplegar nuestra vida. Somos un proceso como persona, como padres, como hijos, como profesionales, como trabajadores, como empleados, como jefes, como compañeros, como amantes, como esposos, como familiares, como vecinos. Sentirnos en evolución, en construcción, sentir que nos vamos a tomar todo el tiempo que cada situación demande, que somos un ser que se desplaza por su línea de tiempo.

Poder percibirnos como un existente que cambia y que siente, lo que ocurre a su alrededor y que se va afectando por todo eso, con mucho amor y dulzura hacia uno mismo. Es más liviana la vida cuando puedo instalarme en esa no instalación. Me veo atravesado por lo que ocurre a mí alrededor. Soy susceptible de cambiar todo el tiempo, soy susceptible de acomodar mi manera de estar y, por ende, de ser a cada paso de mi recorrido.

Los hechos que me rodean no son hostiles por sí solos, depende de cómo les permito que me impacten. Pero sin dudas que me impactan. Chequear permanentemente cómo está siendo cada cosa para mí, cada situación, paladear la vida, dándonos la oportunidad de sentirnos en proceso permanente, es más fácil, es más liviano. Vivir de esta manera es estar más acorde a como ocurren las cosas en la naturaleza.

La naturaleza no sufre stress, salvo cuando algo muy extraño sucede como un Tsunami. El stress lo ponemos los humanos al querer alterar los tiempos para cumplir ciertos escalones. Es la diferencia entre el Kronos y el Kairos. No puedo no decir que en muchos ambientes laborales esto no es común, pero cada vez más se dan las empresas que les permiten a sus empleados manejar sus tiempos y sus maneras. Cuanto más podamos vivir sintiendo los procesos, menos stress sufriremos y seremos nosotros los soberanos de nuestra vida. Nos guiaremos por nuestra propia y privada percepción de los hechos, las circunstancias, las situaciones que son únicas, y que sólo nosotros podemos saber cómo son. La vida como proceso, es una vida más liviana y más fácil.

Capítulo 17

La existencia y el tiempo

Una chance para vivir

Una sola chance para vivir, una sola vez. Una sola vez se da nuestra vida, una sola oportunidad de recorrer el camino de nuestra existencia, desde aquel instante en que vimos la luz. Un día del inmenso pasado hemos sido arrojados a la luz, hemos llorado por primera vez y hemos inspirado el aire y exhalado, para no dejar de hacerlo hasta un día del inmenso futuro en que no lo haremos más. No tenemos revancha, no hay vuelta atrás, no hay repetición. Contamos con una sola vida y, por eso mismo, lo que hagamos con ella determinará la huella de nuestro paso por el planeta. Nacemos y nos instalamos en una enorme cinta transportadora que nos depositará en el final, en nuestra muerte. Esta cinta transportadora, esta sucesión de hechos, esta película en la que somos los protagonistas principales, ocurrirá una sola vez en medio de la eternidad. He ahí la importancia de lo que hacemos con ella.

No hay chance de volver a hacerla diferente, no hay manera de corregir y empezar de nuevo. Nuestra vida es una sola vida. En la primera parte, no podemos manejarla, es manejada por nuestros padres, nuestros abuelos, nuestros otros significativos, los que deciden y toman las decisiones por nosotros. Luego de la adolescencia y la juventud, al empezar la madurez, el volante cae en nuestras manos, y es ahí que nos constituimos en los únicos pilotos de la existencia. El maestro Serrat nos dice: "Aprovecharla o que pase de largo depende en parte de ti". Desaprovechar un instante es una enormidad en el corto período de nuestra vida. ¡Címo asir los minutos y los segundos, y darse cuenta pronto de la forma en que debemos sacarles provecho! La única manera de aprovechar la vida es disfrutarla, divertirse, pasarla muy bien o bien. Darse cuenta cuándo nos estamos preocupando de más, cuándo estamos regalando vida.

Muchas veces, cuando observamos el comportamiento de los hombres, daría la impresión de que piensan que tienen una vida de repuesto. Cuando se nos presenta la oportunidad de identificar un propósito, un por qué, una razón para vivir, el camino que elegiremos será un camino más cercano al disfrute y a la felicidad. Hago lo que hago por algo, porque ese algo está encadenado a un propósito, a un objetivo, a un darle utilidad a mi pasaje terrenal.

Desde la mesa del Bar Zurich en el centro de Barcelona veo pasar muchas personas delante mío, tranquilas, con urgencias, indolentes, entregadas, desafiantes. Pienso qué veloz que es la película, que rápido pasa la vida, y me imagino y no tanto, lo aburrida que es para muchos. Cuanto menos interés tengo por las cosas, más aburrido y más lento transcurrirá todo. Cuanto más me interesa lo que me rodea, más rápida será la sensación que caracteriza a la vida.

En tantísimas oportunidades, al preguntarle a una persona sobre cómo está, nos contesta: "Tratando de entretenerme, haciendo tiempo, no tengo nada que hacer así que trato de no aburrirme, viendo tele todo el día…".

El ofrecimiento que tenemos al nacer se me hace inabarcable, no hay manera de aburrirse si tenemos un poco de simple curiosidad. No hay ninguna posibilidad de conocer todo lo que nos rodea, todas las maneras en que piensa la gente, las distintas formas de vivir, las distintas culturas, las músicas, las pinturas, las religiones, lo escrito por el hombre desde que llegó a esta Tierra. Curiosidad, es la base mínima para aprovechar esta única chance de vivir. Intentar satisfacer la continua y renovada curiosidad que poseemos por el hecho de haber nacido humanos. Veo una cinta transportadora delante de mí, donde todas las etapas de la vida se muestran auténticas. Me pregunto qué harán o qué habrán hecho con sus vidas todas esas miles de personas que pasan. Los imagino vestidos distintos, a los pobres como ricos, a los ricos como pobres, a los jóvenes como viejos, a los viejos como jóvenes. ¿Qué cambia?

Somos todos protagonistas de la vida, algunos testigos de las vidas de otros y algunos ninguna de las dos. Algunos hacen y construyen, otros miran cómo hacen y construyen los otros, y algunos ni siquiera se dan cuenta de que unos construyen y otros miran construir. Aparece lo que mencionaba antes, una desesperada necesidad de sentido para caminar el camino. Un sentido conseguido, un sentido buscado, un sentido perseguido. Una razón para estar y permanecer, una razón para, al fin, partir.

Imagino que será mejor la sensación de partir con la tarea hecha, con el trabajo realizado, despidiéndonos de una vida de sentido, una vida que, habiendo sido propuesta, fue realizada. Nacer, crecer, reproducirse, madurar y morir, es lo que hacen todos los seres vivos, las plantas, los insectos, los animales. Esta única chance de vivir debe poseer conciencia, debe tener la oportunidad de portar conciencia de ser, sentido de vivir y curiosidad permanente.

Unir los puntos

Cada día me sorprendo más cuando advierto cómo se van dando los acontecimientos de mi vida, cómo hay una cadena de situaciones y cómo cada eslabón de esa cadena puede identificarse con claridad.

Me parece fascinante unir los puntos que me permiten comprender cómo se fueron gestando cada uno de mi emprendimientos y situaciones. Todo se inicia con un estímulo que, sin darme cuenta, atraviesa otro y luego lleva a otro.

Una idea, un viaje, un encuentro, una influencia, una conversación y un giro en mi vida, por curiosidad, o porque viene a mi vida algo que satisface una necesidad que estaba guardada y que no sabía siquiera que moraba dentro mío.

Repaso este año y me asombro y luego voy para atrás y vuelvo a asombrarme y luego voy al anterior. Es muy impresionante tomar nota, darse cuenta de cómo nos vamos influenciando por el intercambio con lugares, historias y personas. Podemos empezar por la pregunta sencilla: "¿Por qué estoy acá?", sea el lugar o el pensamiento, o la situación. Despacio, si vamos para atrás, veremos cómo se hilvanan los hechos de nuestra vida. Y manifiesto la importancia de esta actitud ante los acontecimientos, porque lo que aparece como magnífico y como atrapante es la posibilidad de unir los puntos hacia delante e imaginar cómo será lo que viene.

Me refiero a imaginar lo que viene, con disfrute, sin el dolor de la incertidumbre, pues la incertidumbre es una sensación o sentimiento que nos acompaña toda la vida. Mi objetivo es disfrutar la incertidumbre, poder disfrutar "no saber" qué es lo que va a venir.

Cuando unimos los puntos, aparece otra puerta inmensa y es el darse cuenta y razonar en la manera en que ocurrieron los hechos, y cómo las circunstancias se fueron dando con poca intervención nuestra. Hay "algo" que maneja todo este engranaje. Ese algo es el Universo, la Energía o lo que fuera, una sumatoria de nosotros y lo que nos rodea. Es sorprendente y fantástico poder advertir esto.

Existe un hilo entre nuestros deseos y lo que nos va ocurriendo. Es una suerte de muy sutil coincidencia, que se amalgama día a día y va construyendo los eslabones de esta maravillosa cadena. Desde luego que nosotros hacemos, pues hemos sido enseñados en el hacer, y que ponemos mucho énfasis en aquello que queremos construir.

Pero los protagonistas, que somos nosotros, estamos como acompañados o guiados por algo que no alcanzo a saber, que va construyendo con nosotros y que va poniendo debajo de nuestros pies las baldosas sobre las que apoyarlos.

Un año más – Kronos y Kairos

Desde cada 1º de enero hasta cada 31 de diciembre, desarrollamos nuestro camino en la sociedad dentro de un ordenamiento que viene de antaño y que da cuenta de un período en el que la Tierra da una vuelta completa alrededor del Sol. Recorremos 930 millones de kilómetros, a una velocidad de 108.000 km por hora. Este viaje dura 365 días, 5 horas, 48 minutos y 45 segundos. Cada día dura 24 horas y cada hora 60 minutos y cada minuto 60 segundos. Todo lo antedicho nos marca el Kronos, el tiempo cronológico, el tiempo Universal que rige a todo el planeta de Norte a Sur y de Este a Oeste, más allá de los distintos usos horarios y sus ajustes al viajar. Toda esta información nos cae como algo inapelable, algo contundente, algo inmodificable, establecido, no movible. El tiempo cronológico es inexorable. No hay manera de oponernos a ello, sería una lucha que, por tan desigual, ni siquiera empezaría, pues no estaríamos en presencia de dos contendientes. No podemos erigirnos en contendientes de Tiempo. Sería algo inútil de total inutilidad.

Lo que nos queda, lo que nos acompaña, lo que viene a constituirse como aliado, es el Kairos. El tiempo percibido, el tiempo utilizado y particular de cada uno de nosotros. A veces decimos: "Se me fue el tiempo", a veces decimos "El tiempo no pasa más", y tantas variantes.

Vivir en el campo, cerca de la naturaleza, nos enseña a acompasar al tiempo naturalmente, y el Kronos y el Kairos se superponen en una danza saludable. La lejanía de lo natural, el imperio del pensamiento por sobre los sentimientos, las percepciones erróneas, las preocupaciones excesivas, la velocidad artificial, las urgencias, nos llevan a veces a sufrir el paso del tiempo en lugar de ir acompañándolo suavemente.

Los miles de estímulos que recibimos y que, además, decidimos recibir, configuran una multitarea endemoniada que nos aleja del ritmo del Universo y que hace que nuestro Kairos muchas veces se constituya en un enemigo, un sufrimiento, alguien de quien somos esclavos. Estamos a destiempo, estamos fuera del tiempo, en un tiempo sólo mental que nos castiga y nos castiga.

Darnos cuenta de que somos protagonistas de esta disponibilidad a recibir esta verdadera lluvia de estímulos, verdadera catarata de estímulos, nos permitiría empezar a tomar el antídoto. Tomar el antídoto sería comenzar a poner un filtro a los estímulos, empezar a construir una sana barrera a ese aluvión y recibir sólo aquello que necesitamos y que nos nutre. Si corremos por el parque escuchando música por los auriculares, no escuchamos la música del parque. Si corremos por la playa o por la costa del mar escuchando música, no escuchamos la música del mar y la costa. En un mundo que nos sugiere desde la salud, todo lo bueno que es "vivir el presente aquí y ahora", hacemos grandes esfuerzos para irnos del presente, a otro lugar.

Estoy aquí, pero los sonidos no son de aquí. Camino por un lugar pero me voy a otro permitiendo que los oídos reciban el diálogo que ocurre en un estudio de grabación, de una radio o de un programa cualquiera. No digo de ninguna manera que esté mal hacer eso, imposible que siquiera pretenda ponerme en lugar de un censor. Lo que sugiero es tomar conciencia de que lo que hago es distinto de lo que muchas veces pienso. Kronos y Kairos, danza armónica bajo el cuerpo de los hombres. Cuanto más cerca, más salud y más plenitud. Cuanto más lejos, más posibilidades de dividirnos, de alienarnos, más peso en la mochila del alma. Acompasar la vida, deslizarnos al ritmo de su música, armonizar lo natural con nuestra vida diaria, tal vez sea una buena propuesta en nuestro derrotero urbano.

Qué me enseña una mañana de domingo

Me despierto y veo luz y vuelvo a agradecer que estoy vivo. Disfruto al llenar de aire mis pulmones y dejar que los rayos del sol se posen sobre mi rostro. Me sorprendo con la maravilla de lo que llega a mis ojos, arbustos, árboles, colores únicos, distintos, hojas que caen, tonalidades infinitas, ramas que se agitan, cantos de pájaros, el baile de cada hoja. Es otoño, el césped se tapiza de hojas, es hermoso. El brillo especial del sol, aunque lo vi tantas veces, cada vez es especial y distinto, pues yo cambio y nunca soy el mismo. El rebote del sol en las distintas superficies le da a cada mañana un tinte nuevo, pues es nueva mi vida de hoy.

No resistirnos a vivir

Parece difícil, a priori, describir la frase de este título. Podemos pensar: ¿hay alguien que se resista a vivir? Claro, porque como primer comentario, podemos afirmar que se presentan dos caminos iniciales al tratar este tema. Decido vivir, o concedo vivir, o actúo, porque me obliga la existencia a vivir, aunque yo no quiera. Decidir vivir o hacerlo por obligación del destino, porque el destino nos obliga. Por supuesto que acá podemos hacer otra interrupción y afirmar que, en función del libre albedrío con el que contamos, podemos decidir en cualquier instante de nuestro recorrido, interrumpirlo, detener nuestra existencia para siempre. Tenemos la potestad de hacerlo.

Ahora, a lo que me refiero con el sentido de la frase que da inicio al capítulo es a prestarle atención a una parte muy fuerte e importante de nosotros, que mora en nosotros, y que muchas veces no observamos. Es que nuestro organismo nos habla, nos da mensajes, y a veces nos grita, nos emite un desesperado alarido. Esos mensajes nos dan cuenta de márgenes de alejamiento de aquel que somos, de márgenes de lejanía con ese que habita dentro de nosotros. Vamos de vuelta: vivir, vivimos, actuar, actuamos, respiramos, elegimos, optamos, decidimos. Pero claro, en lo que respecta a ese VIVIR con mayúsculas, a ese vivir de tal modo que nuestra sangre nos informa fuertemente que está circulando por nuestras cañerías, que bulle, que transita, que nos recorre, con el grado mínimo de pasión, que nos dé cuenta que estamos VIVOS, con mayúscula. Porque es muy común que no le prestemos atención, que los avisos que nos envía nuestro cuerpo estén silenciados, como anestesiados, lejos de nuestra sensibilidad.

Si podemos prestarles atención a todas esas señales, a todos esos símbolos, entonces ahí, y recién ahí, estamos en condiciones de NO RESISTIRNOS A VIVIR, de elegir, incorporar esos cambios, introducir esas variantes de modo de ejercer nuestra existencia, mucho pero mucho más cerca de nosotros mismos. Me refiero a VIVIR con la cercanía de ese que somos, de ese que grita que quiere hacerlo de otra manera, de otra forma.

A veces esto implica atravesar alguna barrera, algún impedimento cercano, algún constructo de esos que nos habitan y que pueden estar cercenándonos pedacitos de Vida, trocitos de pasión. Si todas las señales nos indican un sendero, pero la costumbre, la historia, la rutina, nos muestra otro, pausarnos, tomarnos el momento para advertir, apreciar, si no es el momento de girar el volante, de torcer la marcha y elegir un camino distinto, un camino nuevo. Un camino que nos acerque a ese que quiere vivir cerca de sí mismo, ese camino que nos permita recorrer la existencia con mayores grados de fidelidad hacia ese que somos.

Los cambios están asociados con la incertidumbre, la misma vida de todos los días tiene cuotas inmensas de incertidumbre. Pero el organismo, el cuerpo, en el momento en que se expresa, en el momento en que nos habla y hasta nos grita, nos avisa que a la incertidumbre ya la he puesto a recaudo, que ya ha sido superada en la sola expresión de esa potencia organísmica que nos dice, aquí y ahora, para dónde doblar, hacia dónde dirigirnos.

Resumiendo, podemos afirmar que hay muy distintas formas de vivir, de transitar la existencia. Algunas lejos de nosotros, con los consiguientes perjuicios y otras, bastante cerca o muy cerca de ese que habitamos y que tienen por sociedad muchos mayores beneficios, mayores plenitudes, mayores placeres, mayores felicidades.

Capítulo 18

El otro lado

Así me refiero a todo aquello que no es vida, a ese lado que no conocemos por ser secreto, misterioso, ese abismo insondable del que no conocemos nada. El ser humano es mucho más que su cuerpo, es mucho más que su masa corporal, su peso, su materia, tal como la conocemos. Sabemos, desde hace años, que la mente no sólo se encuentra en el cerebro, sino que también hay una mente en el corazón y una mente en el intestino. Hay células que funcionan como neuronas en ambos órganos, con memoria incluida. También sabemos que cada una de nuestras células contiene una parte inmaterial que es una onda, y como tal la ponemos en el activo de la energía que nos habita y nos constituye.

El hecho de pasar por nuestra cognición, por nuestro aparato pensante, por nuestra conciencia, esta idea que da cuenta de una realidad, nos hace abrir la primera de las puertas que nos conducirá a poder conocer y manejar su potencia, su capacidad. A lo largo de nuestra vida nos ocurren cosas, nos vemos en medio de situaciones que nos parecen extrañas y que las adjudicamos al azar, a la coincidencia, etc. Cuando empezamos a incorporar diariamente este concepto de nuestra capacidad energética, empezamos a recorrer un camino, nunca antes conocido, y que tiene que ver con la puesta en práctica de capacidades que no conocíamos y a las que, muy despacio, muy lentamente, tenemos chance de acceder. Claro que, en este campo, las cosas no ocurren con la velocidad ni la manera en que ocurren en el espacio de la acción. Cuando voy y hago algo, esto tiene consecuencias inmediata o muy rápidamente. En este terreno no es así. En el terreno de lo energético, lo que ocurre, ocurre distinto. Es algo que no sabemos aún, pero sí que se abre una posibilidad muy importante para la vida humana.

Cuando nos abrimos a conectar con nuestra energía y con las energías de los otros y de todo lo que nos rodea, se abren canales que no conocíamos y que nos conectan con una curiosidad amplia y novedosa. Se presenta la posibilidad de poder crear nuestra realidad. Se generan estímulos en nuestro sistema endocrino, en nuestro sistema inmune y en la manera en que accionamos nuestra vida, en general.

Suicidio

Nadie comete suicidio porque se quiere morir. Se suicida, el que lo hace, porque quiere dejar de sufrir, porque quiere detener el sufrimiento. Es un tema del que nadie quiere hablar y, cuando se empieza a hablar, en general se elige otro.

La enfermedad, la muerte o el suicidio son temas de los cuales las personas prefieren irse. La mente de un hombre es un lugar por demás insondable, por demás inaccesible. Pareciera ser que hay ciertas decisiones que solo se toman en absoluta soledad. Dentro de la absoluta soledad se alojan en un lugar muy alejado del borde, en las mismas profundidades del cerebro.

Es habitual que una importante cantidad de personas que se quitan la vida no hayan dado un mínimo indicio de malestar. Otros avisan, se manifiestan, dan pistas, comparten sus sufrimientos. Dicho esto, es importante señalar que estamos hablando de sufrimiento, de un sufrimiento muy especial, tan especial que el hombre llega un momento en que no lo tolera más, ni un minuto más. El hombre, como dicen los existencialistas, se vincula con los otros, con la naturaleza y consigo mismo.

Capítulo 19

Desarrollo personal

Este capítulo engloba varios disparadores para estimular el desarrollo personal. Ideas para reflexionar y chequear si son facilitadoras del despliegue de cada uno.

Infundir esperanza

Una de las virtudes que tienen las personas, es que pueden ayudar a los demás. Si bien es algo innato y por demás común, que nació juntamente con el nacimiento del hombre sobre la tierra, podemos decir que en medio de esta postmodernidad individualista, ayudar a los demás es una verdadera virtud. No todos están dispuestos, ni ayudan a sus semejantes. Y muchos de los que lo hacen, lo hacen bajo ciertas condiciones. Por lo tanto, una vez definida la virtud de la acción de ayudar a otro, en circunstancias en las que otro la necesite podemos pasar a desarrollar el tema de este capítulo.

Si bien desde el Counseling humanístico no interpretamos ni dirigimos ni damos consejos, un factor que me parece importante y no menor en las profesiones de ayuda es el de infundir esperanza. Sentir esperanza, tener esperanza, es en definitiva tener fe, sentir fe, en que lo que va a ocurrir será bueno, o será mejor, o saldrá bien. Tengo esperanza, esto es, siento que lo que espero será bueno. Siento la esperanza de poder superar este obstáculo. Se dice que "la esperanza es lo último que se pierde". Por ahí también escuché decir "sin esperanza, la vida, significa menos". De alguna manera, si creemos en las personas, si creemos en el ser humano, si creemos posible que se supere día a día, podemos manifestarles que creemos en que pueden hacerlo, en que lo pueden lograr, en que pueden sortear sus dificultades. Muchas veces la palabra del que ayuda tiene un peso adicional porque, a priori y entre paréntesis, podríamos estar en mejores condiciones que el que la solicita. Creo firmemente en que el acto de infundir esperanza es también una condición necesaria y suficiente para ayudar a una persona que atraviesa alguna dificultad. Claro está que no puede quedar en eso el trabajo profesional del ayudador. En sí, una persona que se formó para estar en condiciones y aptitudes para prestar ayuda tiene un bagaje de conocimientos y también actitudes para poner en juego en la sesión de ayuda. Lo que quiero consignar claramente es que un plus necesario es el de ser, también y a su vez, una fuente de sana esperanza a lo largo del proceso terapéutico.

En definitiva, podemos decir que la esperanza se construye desde adentro producto de la confianza. Si a su vez recibimos estímulos externos, la vida puede ser más liviana.

Nuevas fuentes de inspiración

Así como el cuerpo necesita fuentes de energía para ponerse en movimiento, para efectuar todas las tareas que es preciso que haga, nuestra alma, nuestra mente, a su vez, necesitan sus fuentes de inspiración.

Estando en equilibrio y con un estado psicofísico saludable, es normal que el ser humano posea las ganas, las fuerzas y la motivación para levantarse a la mañana y emprender las cuestiones que lo impulsan, como ser humano. Yo diría que puedo denominar como fuentes de inspiración a aquellas porciones de energía para el alma, para la mente, que por lo general son las que se agregan a lo cotidiano, como para emprender cuestiones un poco más elevadas o hechas con un sabor distinto. Por ejemplo, el escritor, el pintor, muchas veces dicen: "estuve inspirado, me inspiré". ¿Qué están diciendo cuando dicen eso? Manifiestan que además de la natural motivación para escribir o pintar, recibieron un combustible adicional, especial, distinto, que les permitió concretar algo nuevo, expresar algo de otra forma o de otra manera o con otra profundidad. Hay una natural fuerza que nos hace estar vivos, poseemos una cierta energía, que hace que respiremos, que procesemos los alimentos, que nuestro cuerpo y nuestras sustancias realicen los miles de procedimientos químicos, de modo de mantener nuestra homeostasis. También se suman fuentes de motivación o fuentes de desesperanza a lo largo de nuestra existencia, o decenas de estímulos de diferente color y vibración.

Nos decía el gran Baruch Spinoza que los encuentros humanos se dividen en dos: aquellos que "te agregan potencia de existir" y aquellos que "te quitan potencia de existir". Esto es, describe muy bien aquellos acontecimientos en los que dos personas intercambian palabras, sensaciones, sentimientos, hechos, etc., y que, como resultado de ello, se perciben distintas consecuencias. Sentimos que nos llega un aliento adicional para la existencia, o sentimos que las consecuencias de ese encuentro implican que poseemos menos aliento para la vida. En otras palabras, sentimos o percibimos que el paso del otro por nuestras vidas nos sumó, o sentimos que nos restó. Y, en ese transito existencial que recorremos desde nuestro nacimiento hasta nuestra muerte, ocurren muchas veces y a diario estas sumas y restas.

De la velocidad con que vivimos depende poder ser receptores de más o menos estímulos externos. Cuanta mayor velocidad tenga nuestra vida, tal vez nos sea más difícil la interrelación con los hechos, con las personas, con el mundo en general. Incluso con nuestra propia interioridad, con nuestro diálogo intrapersonal.

Con esto me refiero a aquel que vive dentro de nosotros, con el que nos podemos relacionar mejor, en la medida en que la velocidad no sea elevada. Si corremos por la vida, no escuchamos, no nos escuchan, no nos llega ni nosotros emitimos adecuadamente.

En ese transitar, en ese recorrer nuestro camino existencial, poder estar abiertos a nuevas fuentes de energía para el alma, para nuestra mente, poder recibir inspiración de distintas fuentes, es muy bueno para nuestro bienestar. La felicidad, fin último de todo ser humano, es una sumatoria de buenos momentos, de momentos inolvidables, de buenas sensaciones, de sensaciones inolvidables. Y para ello poder recibir inspiración de nuevas fuentes y potenciar nuestra vida, es una vía para alcanzar y sostener ese bienestar y esa felicidad eslabonada y construida.

Vinimos a este mundo para pasarla bien

Es tanto lo que se nos fue impuesto desde la infancia, en cuanto a lo que está bien y lo que está mal, lo que se debe hacer y lo que no se debe hacer, lo que corresponde y lo que no corresponde. Son tantos los alambrados que nos han sido impuestos, tantos mandatos, incluso religiosos, que se nos hace difícil ir recorriendo el camino de deshacernos de todos aquellos que nos lastiman y nos quitan autonomía, para poder empezar a volar y disfrutar sanamente de la vida. Lo que ocurre es que primero nos tenemos que dar cuenta de cuántas necesidades, valores y conductas responden a nosotros mismos y cuántas a los de otros. Mis valores, ¿son los míos? Mis necesidades, ¿son las mías? Tenemos muy, pero muy incorporados muchos valores y necesidades que no son nuestros, que nos han sido enseñados. No quiero decir con esto que algunas de ellas no puedan coincidir con las que vamos eligiendo a lo largo de nuestras vidas, pero otras no, de ninguna manera. Menciono sólo una, como para que pensemos juntos: "Esta mal equivocarse".

Yo digo, ¿está mal equivocarse? ¿No nos equivocamos todos, todo el tiempo? ¿Qué es equivocarse? Alguien responderá: "hacer las cosas mal". Ahora, ¿no es parte de la vida ir probando hasta que las cosas salgan como yo quiero? ¿No transitamos la existencia haciendo cosas como nos gusta y cosas como no nos gusta? ¿Podemos decir que se podría elaborar una lista con todo lo que esté equivocado y todo lo que no esté equivocado? Yo diría que no, rotundamente. Yo creo que educar personas libres es educar libremente, proponiendo valores que tiendan al bien común, al respeto por el otro, la solidaridad, la humildad. El lenguaje puede ser una cadena a cada paso, cada eslabón es un consejo. Y aquí hago un alto y me digo: ¡cuántas sentencias y cuántas cadenas arrojé sobre mis hijos!

Muchos millones de personas caminan tristes por la vida, sin esbozar una sonrisa. Tanta carga sobre la espalda del alma, nos impide muchas veces encontrar el disfrute y superar las perdidas. La vida es una sucesión de pérdidas, una cadena llena de eslabones que pueden ser superados. Sonreír, saltar, gritar y disfrutar, pues es muy corta. Y, me pregunto si somos libres para disfrutar a fondo la vida. Cuánto peso portamos sobre nuestras espaldas. Si tan sólo pudiéramos sacarnos peso de encima y, por ende, saber hacerlo, seríamos mucho más felices entre estos dos infinitos. Todos los días podemos aprender mucho y con cada aprendizaje pasar más cuestiones al disfrute y menos a la mochila. Es corta, muy corta la existencia del humano en esta vida terrenal para pasarla mal. Aun así, transitamos mucho tiempo entre nubes y sombras; inexorable, la vida nos lleva de un lugar al otro. El secreto es prepararnos para percibir lo que ocurre de un modo que no nos lastime más de lo inevitable, para no alejarnos de nuestra experiencia, de nuestro derrotero.

Si podemos desarmar las creencias que nos lastiman, si podemos agregar grados de libertad, si podemos encontrar, más allá de la moral general, qué es lo que me hace bien a mí y qué es lo que me hace mal a mí, podremos pasarla mejor, vivir mejor, existir mejor. Vinimos a este mundo a pasarla bien, si podemos aprender cada día a pasarla un poco mejor, evitando dañar a otros, estaremos en el camino de disfrutar más y mejor de la existencia.

Curiosidad necesaria

Una característica de los niños es que son curiosos, que tienen una avidez natural por saber, por entender, por que les expliquen y les digan y los hagan partícipes de lo que pasa.

Ya desde chicos no nos gusta nada que nos deje afuera, de lo que no estemos participando. Por lo general, a medida que pasan los años esa curiosidad va menguando, se va colocando detrás del telón del vértigo de la existencia. Es tan vasto lo que tenemos delante y día a día tenemos acceso a mayores y gigantescos manantiales de conocimiento.

Por un lado, el Universo es infinito, y por otro lado cada vez es más grande lo que podemos conocer sin movernos de nuestra casa. Sostener una curiosidad sana y abundante, aun cuando pasan los años, nos permite estar más cerca de lo que pasa y de lo que nos pasa. Saber por qué nos pasa lo que nos pasa, saber por qué reaccionamos como lo hacemos, saber por qué las personas se comportan como se comportan, y tantas cosas a nuestro alrededor, nos permite crecer desde el ser personas y estar más afinados con la vida.

Sócrates decía que la maldad era hija de la ignorancia. La curiosidad es la madre del saber, del aprender, del poder saciar esa tendencia innata de acceder al conocimiento de la naturaleza. El sabio está más cerca de la mesura, de la reflexión, de la armonía, de la pausa, y de saber lo que sabe y lo infinito que le falta. La sabiduría es hija del tiempo y la curiosidad. Curiosidad necesaria, bienvenida una y otra vez a nuestra vida.

Desarmando creencias

En nuestra primera infancia, se desarrolla un proceso en el cual incorporamos frases, dichos, ideas, creencias, máximas, órdenes, que provienen de nuestros padres. Ese ser libre que somos, en esos tiempos de ir dándonos a luz, hacia la construcción de un ser humano, nuevo y libre, se ve tutoreado, amojonado, dirigido, ordenado, por otros seres humanos que nos transmiten sus formas de sentir, pensar y hacer. Esa sumatoria de ideas y conceptos van a ir constituyendo nuestras creencias, a partir de las cuales iremos construyendo nuestra vida.

Nuestras creencias o constructos van a ir definiendo, el lente con el que vamos a observar y percibir el mundo que nos rodea. A medida que maduramos será muy bueno para nuestro desarrollo si nos tomamos el tiempo de revisarlas. Es probable que veamos que son muchísimas las ideas que tenemos grabadas y que no tienen nada que ver con lo que en realidad sentimos. Indudablemente que es muy difícil, en principio, darnos cuenta de esto. Por supuesto que la cultura se va transmitiendo de este modo, pero hay un punto de diferencia importante. Es muy difícil ser padres, es una tarea artesanal, constante y permanente. Pues la dificultad central, radica en el angosto camino que va entre el educar y el generar las condiciones para el nacimiento de un ser libre e individual. Incluso la transmisión de valores es compleja. Todos queremos que nuestros hijos compartan los valores esenciales con los que fuimos criados y educados nosotros. Pero aun allí puede haber valores que sean apreciados de diferente manera por nuestros hijos. Por ejemplo: "Nunca te dejes llevar por delante", dicho de un padre a su hijo, con tono imperativo, agregando "en la vida, todos te quieren llevar por delante" y "no tenés que permitirlo". ¿Cómo hace el hijo para discriminar, en cada ocasión en que alguien le dice algo, para darse cuenta, la diferencia entre una sugerencia inocente y una situación en que "alguien te quiere llevar por delante", más si hemos escuchado que "todos nos quieren llevar por delante"?

Esto puede dar lugar a que yo conteste siempre como si "estuvieran queriendo llevarme por delante" y lo que se aprecia de afuera es una actitud reactiva, y no se comprende lo que me pasa. Está muy claro en el ejemplo que es una "creencia del padre, personal y privada de él" de cómo percibe que es tratado por los demás. Y, muy probablemente, no sea lo que tienen en las motivaciones las personas con las que se rodea su hijo. Por eso la importancia de ir pudiendo chequear, a medida que crecemos, qué es lo que realmente siento yo, ante cada intercambio con otros.

El sentido de congruencia nos habla de la incomodidad que sentimos a lo largo de nuestra vida, entre nuestro sentir, pensar y hacer. Si yo actúo desde el sentir de mi padre y este sentir no coincide con el mío, sentiré una incomodidad. ¿Cómo lo corregiré? Cuando le dé a mi experiencia, un lugar central de importancia en mi vida. ¿Es esto lo que en realidad quiero yo decir? ¿Es esto lo que siento y pienso? ¿O no sé de donde sale esta manera de actuar que llevo adelante?

Empezar a revisar nuestras creencias, con mucha apertura, con mucho amor, nos ayuda a vivir mejor. Empezar a darnos cuenta en qué medida actuamos basados en satisfacer necesidades y valores con los que no coincidimos, que no son en realidad los nuestros.

Cuando intentamos satisfacer necesidades que no son nuestras, convertimos a nuestras acciones y actitudes en una sumatoria que implica vivir la vida de otros y no la nuestra. Ahí radica muchas veces la sensación de incongruencia e incomodidad por las que atravesamos en nuestra existencia. Crecer y desplegarnos también implica advertir, cuando somos adultos, cuáles son nuestras creencias, y revisar y corregir aquellas que nos complican y no nos ayudan a vivir más fluida y fácilmente.

Vivir buenos momentos

Vivimos a toda velocidad. En algún momento bajamos la velocidad. Luego la subimos. Vamos. Volvemos. Aceleramos. ¿Nos preguntamos a veces sobre esta pregunta? ¿De qué se trata la vida? Nos cuesta hacer una pausa y observar, sentir, percibir, accionar desde la reflexión y la pausa.

Una de las respuestas que más encajan en mi persona, es ésta: Vivir es sumar buenos momentos. Vivir es eslabonar buenos momentos, vivir buenos momentos. Darnos cuenta cuando estamos viviendo un buen momento y, tal vez, un momento inolvidable. Creo firmemente en que la diferencia entre buenos momentos y momentos inolvidables es muy sutil. En la medida en que estamos abiertos, en esa medida podemos realmente vivir momentos inolvidables.

Expectativas o expectación. Estamos esperando o estamos expectantes. Cuando nos embarga la expectativa, se nos viene encima alguna frustración. Es muy difícil estar a la altura de las expectativas, pues la vida muy pocas veces coincide con ellas. La vida es tan imprevisible que lo que nos pone a resguardo de la frustración, es poder estar "expectantes", esto es estar abiertos a lo que ocurra y como ocurra. Estar expectantes no tiene nada que ver a estar con expectativas.

Vuelvo acá a un concepto que me acompaña: La vida es como un resorte. En la medida que no admita a mi incertidumbre, a mi capacidad de transitar momentos que no me gustan, en esa misma medida me será difícil disfrutar más a fondo y percibir el enorme bienestar de los momentos inolvidables. Si puedo sufrir más a fondo, puedo, a su vez, disfrutar más a fondo. No estoy invitando a sufrir, ni tampoco sufrir más a fondo, a lo que me estoy refiriendo es a no escaparnos del sufrimiento cuando viene.

Más allá de lo desagradable de atravesar un dolor o un sufrimiento, la propuesta es no escaparse de él. Si se advierte que si observamos a la vida y a sus circunstancias como partes inherentes a la existencia, a los hechos existenciales, puede, tal vez, cambiar nuestra manera de transitarlos. En definitiva, cada uno de nosotros, cada ser humano, hará lo que pueda, sepa o se anime con su vida. Tal vez sirva intentar no evadirse ni escapar, sino transitar todo lo que nos pasa, para poder, de este modo, estar más cerca de nuestros sentimientos.

Si caminamos la vida más cerca de nuestros sentimientos, podremos también acceder a experimentar más momentos inolvidables, buenos momentos que no serán echados fácilmente al cajón de los olvidos. Vale aclarar que un momento especial, un momento inolvidable y buen momento pueden simplemente ser una mañana hermosa de sol que nos llena de energía y júbilo por estar transitándola, un brillo especial en la luz de esa mañana.

Este apartado nace con la idea que muchas veces no advertimos de que hay momentos simples y naturales que son buenos momentos. Que la vida es una sucesión de momentos, y depende de nosotros darnos cuenta todo lo que tiene de bueno y de abundante, muchos de los espacios de tiempo por los que atravesamos, en nuestra existencia. Poder advertir y hacer foco en tantos momentos que, en realidad, pueden ser apreciados como buenos, también es sumar en nuestro recorrido de la vida.

Cuando se despeja la bruma se aclara la mente

Parece una frase fácil, sin vueltas, remanida, mil veces dicha. Lo que ocurre es que, en medio de la vida ajetreada, nos confundimos, nos mareamos, nos distraemos, no sabemos en dónde estamos parados y tampoco sabemos para dónde ir. Tampoco alcanzamos a darnos cuenta de qué es lo que nos está pasando. Simplemente, poder darnos cuenta de que estamos dentro de las nubes, que estamos atravesando la bruma, que nos envuelve la ceguera, es el principio básico para empezar a salir de allí y atravesarla. Arribar al instante de darnos cuenta de lo que nos pasa. Poder sostener la situación y reconocer y aceptar que es eso y no otra cosa lo que nos ocurre, es la mismísima base para dar un paso hacia algún lado que nos permita atravesar y aclarar la situación. La crisis opera como un auto recorriendo un camino de tierra seca cuando hace tiempo que no llueve. Se levanta una polvareda que impide que podamos ver. Nos rodea una nube de polvo, no hay posibilidades de mirar para ningún lado. ¿Qué debemos hacer? Esperar que baje la tierra, bajar el ritmo, bajar la velocidad, darnos tiempo, respirar, calmarnos. El hecho simple de hacer una pausa nos acerca a la chance de empezar a delinear las formas de lo que nos rodea cuando se va disipando la nube.

A medida que vamos empezando a ver, podemos empezar a darnos cuenta de qué camino elegir. Podemos empezar a sentir, pensar, razonar, reflexionar. Sentir y pensar. No se puede pensar en medio de una tormenta, no es bueno tomar decisiones en medio de una tempestad, pues no están dadas las condiciones para hacerlo y estamos a ciegas.

La persona que viene a consulta por lo general está en medio de esa bruma, no puede darse cuenta de dónde está y está incómodo con esa situación. No se siente bien, está confundido, mira a su alrededor y no entiende lo que ocurre. El primer paso, la primera etapa, es acompañarlo en ese tránsito para que pueda darse cuenta él mismo de lo que está pasando. El siguiente es ir ejercitando el desarrollo, de modo de advertir, de darnos cuenta, de controlar la impaciencia, de tomar conciencia, de que la pausa, el registro corporal y personal, necesitan tiempo.

La variable tiempo, el acompasar nuestras dificultades, con mucho amor irá dando espacio a que baje la bruma, a que se disipe la niebla, a que se asiente el polvo, de modo de empezar a delinear, atisbar, los nuevos horizontes, las nuevas opciones, las nuevas posibilidades.

Aparecerá una nueva luz, la oscuridad dará paso a la iluminación y las chances de superar las crisis empezaran a verse con claridad.

Mundo del espectáculo

He vivido desde afuera lo que se denomina "Mundo del Espectáculo", he ido al cine y sigo yendo con frecuencia. La actuación me acompañó durante algunos años en que me formé como actor y fui protagonista amateur, y he ido a sentarme en una butaca muchas veces. Por supuesto que he pasado horas frente al televisor mirando programas tanto en vivo como grabados, argentinos como de tantos países. Tuve la suerte inmensa de asistir a los Estudios Universal, y poder observar un poquito a esa inmensa cocina de películas, pudiendo comprender algo de la gestación y el armado de realidades totalmente figuradas con efectos especiales y fotográficos.

En todo caso, desde la primera muestra de una obra de teatro en el mundo en el que los actores se ponían máscaras y actuaban como si fueran otros, el mundo del espectáculo tiene que ver con intentar componer personajes, asumir roles, copiar gestos, emular miradas, poses, y vestir trajes que el personaje requiere.

Hace ya muchos años que me dije: más que "mundo del espectáculo" es el "mundo del afuera". El hombre posee una vida interior, un adentro, un infinito; como me gusta llamarlo, un manantial interior. A su vez, ejerce su vida en un mundo exterior en el que se desenvuelve.

En la medida en que el hombre va madurando, se va permitiendo transparentar su mundo interno hacia fuera, dándose cuenta de que no tiene nada que ocultar. En la medida en que su seguridad interior le va permitiendo, exterioriza más espacios de su mundo interior.

A veces, el ser humano también adopta personajes para poder sobrellevar bien su vida de relación, y se suma a lo que vemos en "el mundo del espectáculo". Esto, sin lugar a dudas, le ocasiona un gasto, un costo. No es gratis ocupar un personaje, implica pagar un peaje en la vida. Es que ejercer un personaje implica alejarse del que somos, y cada alejamiento lo pagamos y cuanto más nos alejamos, más pagamos. Vemos que en "el mundo del espectáculo", y sobre todo en el mundo de "las modelos", que sería un submundo "del mundo del espectáculo", se manejan apenas muy pocas palabras en donde las más común es "qué divina" "estás divina" o "viste qué divina que esta fulana"o "por la edad de mengana, se la ve divina". Es una subutilización del lenguaje, en una subocupación del ejercicio de la vida. Cuanto más superficial, menos compromiso, menos palabras, menos realidad y más eufemismos, más impostura.

Tal vez lo importante en la vida en general, como en "el mundo del espectáculo", es poder darse cuenta cuando yo genero un personaje. El actor profesional lo tiene muy claro, es una profesión. Pero, y siguiendo con la idea, a medida que "el mundo del espectáculo" se va corriendo a lo efímero, a lo inmediato, la pasarela, el corto publicitario, el aviso, también se va corriendo la posibilidad de darse cuenta, de la asunción de un personaje y el personaje, tiene más chances de devorarse al original.

Las experiencias de mi paso por eventos y espectáculos desde su interior, por haber sido invitado, agregaron nuevas vivencias a mi recorrido. Percibir lo económico de los lenguajes, el uso de muy pocas palabras, lo superficial de los encuentros. Agrego que también, en todas esas ocasiones, pude divertirme, una cosa no invalida la otra. Lo que señalo es lo que percibo del mundo del afuera. En resumen, el hombre transita su vida y tiene la posibilidad de crecer y madurar, de desarrollarse como persona, de continuar su despliegue hasta el instante en que se vaya de este mundo. En ese transitar puede ponerse en la piel de un personaje por su conveniencia del momento, puede interpretar un rol porque lo necesita, pero sin duda alguna lo importante para su plenitud y su felicidad es poder tener conciencia de lo que está haciendo, no perder la noción de quién es en realidad, y no confundirse y dejarse tragar por el papel o la impostura del personaje. Para concluir, cuanto más auténtico sea el ser humano, más fácil le resultará la vida y mejores serán sus vínculos.

Cuanto más lejos del que es se coloque, más desgaste tendrá su existencia. Interpretar un personaje como actor es natural y parte de una profesión. No ser actor y ponerse el traje de un personaje y no darse cuenta, puede llegar a ser una tragedia existencial.

Confianza, seguridad, despliegue

A medida que me siento más confiado, conmigo y con los demás, también me siento más seguro, conmigo y con los demás. Sentirme con confianza implica que me puedo expresar sin filtrar, ni encorsetar, ni limitar lo que mi adentro desea sacar afuera. Entonces, si camino por la vida, si me desenvuelvo, con el alma munida de confianza, con el espíritu preñado de seguridad, podré tener el más fuerte de los insumos para la vida. Ese insumo del que hablo, hijo de la confianza y la seguridad, es el sentimiento vital que me dice que "yo puedo". Es claramente básico, el poder ser portador de ese fuego sagrado interior, que me grita que "vos podés". Porque creer que puedo, creer que soy capaz, creer en mis fuerzas, en mis ideas, en mis objetivos, es lo que, en definitiva, hará que pueda ir por ellos y lograrlos. Primero, como dijimos más arriba, a través del hacer y del esfuerzo, y luego a medida que vamos apreciando el concepto de ser y, como segunda etapa, conectándonos con nuestro Ser y su enorme potencia, es que nos iremos construyendo. Para construirnos, para desplegarnos, como decimos en el título, necesitamos espacio.

El espacio lo proporciona la libertad. Me refiero al espacio físico y también al espacio mental. Pues no sólo necesitamos lugar físico sino que también necesitamos lugar mental para llevar a cabo nuestro despliegue. La construcción del ser humano, el desarrollo o despliegue del ser humano necesita libertad, necesita espacio, y es ese espacio en el que puede volar, levantar vuelo y volar, soñar y alcanzar sus sueños. Cuando nos damos cuenta de lo necesario de la confianza y seguridad en nosotros, apreciamos lo bueno que es este insumo para los que nos rodean, y haremos cosas para poder suministrárselo a las personas que están a nuestro alrededor.

Aprender de esto implica también poder transmitirlo. Crecer desde el Ser es a su vez un buen vehículo para el crecimiento desde el Ser de nuestros semejantes.

Quien sos hoy da una idea clara de cómo viviste

A veces se nos pasa por delante algo que es muy obvio, pero no por obvio no significa que no tengamos que reparar en ello. ¿Cómo es mi vida hoy? ¿Que características tiene mi vida? Las respuestas a esas preguntas son las consecuencias de lo que hemos venido haciendo en los años de nuestra vida pasada.

Puede recibirse como una sensación perturbadora al principio, pero luego del primer choque o impresión, la gran oportunidad que se nos ofrece es darnos cuenta de que podemos cambiar esas características, formas y detalles en la medida en que cambiemos actitudes y acciones en nuestro devenir diario.

Soy el producto de mi vida vivida, si quiero cambiar algo tengo que introducir algún cambio en mi acción cotidiana. Dado que nuestras acciones son hijas de nuestros pensamientos, y que nuestros pensamientos son hijos de nuestras creencias, es de vital importancia revisar nuestras creencias, de tal suerte de poder advertir cuáles me están proporcionando información que no me hace bien y que redunda en acciones que conspiran con mi bienestar.

Es muy difícil no sentirse potentes al darnos cuenta del enorme poder con el que contamos para elegir nuestra manera de recorrer nuestra existencia personal. Podemos hacer, podemos crear, podemos modificar, somos hacedores. Hemos nacido hacedores. En otro apartado hemos hablado de la forma de hacer que eso es un capítulo sutil de nuestra vida, signando por una modificación copernicana.

Habíamos dicho que Siendo hacemos, pero podemos yuxtaponerlo con este tipo de acciones que propongo para modificar el estado de cosas de mi vida que quiero que sean distintas de cómo son.

Entonces, si el que hoy soy da cuenta de las decisiones que tomé antes, lo bueno es que, revisando y eligiendo las decisiones de hoy, podré ir modificando mi estar y mi realidad del futuro.

Enfoque-budismo-mindfulness

Encuentro un paralelismo muy interesante entre el Enfoque Centrado en la Persona, postulado por Carl Rogers, algunos conceptos del Budismo y del Mindfulness. El hombre que viene a proceso sufre por alguna situación que lo aqueja. Hay algo que no puede hacer y sabe qué es, o no sabe qué es, lo que lo hace sufrir y siente tensión psicológica o malestar, o quiere introducir cambios en su vida y se siente trabado o en serias dudas para ponerlos en práctica, entre otras muchas cosas. El fluir de su vida hace que su contacto con su experiencia no sea el adecuado, y a su vez camina por su sendero existencial con muchas ideas, constructos, creencias, valores y necesidades que no son verdaderamente de él mismo. Las ha incorporado o de otros sin darse cuenta, o de su familia en sus años de niño. A veces este mecanismo se continúa en el tiempo, y ha incorporado esta manera de incluir creencias de otros y las hace suyas. Indudablemente que caminar la vida con creencias, constructos, valores, necesidades de otros, en algún momento, si tiene la chance de conectar con su organismo, le generarán alguna tensión psicológica, y por ende, algún malestar.

El proceso de Counseling, y el abordaje del Enfoque Centrado en la Persona le provee al consultante un lugar con una atmósfera cálida y segura en donde no percibirá ninguna amenaza o riesgo que le impida verter sus sentimientos, pensamientos y creencias. El contacto con el Counselor y el advertir las actitudes que pone en juego en el consultorio, van a permitirle acercarse poco a poco a retomar el contacto con su experiencia y con sus sentimientos. Podrá ir incrementando su campo perceptual día a día. Irá incorporando partes de su experiencia no simbolizada a la conciencia, ampliando su espacio de experiencias con las cuales munirse para transitar adecuadamente la vida.

Su autoconcepto, su imagen de sí mismo y su concepción de yo se irán actualizando en un continuo fluir de su experiencia. La estructura de sí mismo, en definitiva, iniciará un proceso de autoactualización, de modo de acercarse cada vez más a su organismo y las señales viscerales y sensitivas que él le envía. Este proceso desembocará en el estado de pasar a "ser su experiencia".

Ser su experiencia es un concepto abarcativo y descriptivo del haber llegado a una autoactualización continua de su estructura personal. El Budismo nos propone "vivir en el presente" como el único lugar del tiempo en donde ocurren las cosas. Nada ocurrió en el pasado y nada ocurrirá en el futuro, todo ocurre en el presente. Instalarse en el presente es instalarse en la vida misma, es un intento de disfrutar y vivir clara e intensamente, la vida, la existencia. En realidad, nada hay que no sea presente. No hay nada más que el presente, lo otro no existe, no es real, es un recuerdo o una ilusión. Lo que pasó, ya pasó, y no existe en este momento, sólo puede quedar grabado en nuestra memoria, en ese baúl gigantesco que atesora todo lo que pertenece solamente al pasado.

Lo que va a pasar integra un compendio de ilusiones, de ideas, de anhelos o de temores, o de lo que despierte en nosotros algo que puede o no ocurrir después de hoy. Ahora, si logramos instalarnos en el presente, no tendremos más remedio que recibir las sensaciones que nuestro organismo nos envíe, que nuestro cuerpo emita.

Tendremos muchas más chances de entrar en contacto con nuestra experiencia organísmica y de estar percibiendo todo el tiempo las señales que mi cuerpo me envía. Si estoy en contacto con mi cuerpo, organismo, experiencia, aprenderé muy bien a estar y permanecer muy cerca del que soy. Si estoy cerca del que soy, puedo estar más pleno y sentirme feliz e integrado.

Cuando hablamos de Mindfulness hablamos de atención plena o mente plena. También posee la premisa de focalizarme en el aquí y el ahora, estar en el presente, pues la atención plena no puede estar presente si viajo al pasado o al futuro repentinamente. Y, como decíamos antes, si me instalo en el presente, si pongo atención únicamente a lo que pasa solamente ahora, tengo una gran chance de entrar en contacto con mi organismo y las señales sensoriales y viscerales que él me envía.

El proceso que nos señala Carl Rogers es un proceso profundo que implica sucesiones de pequeños escalones que nos van llevando a acercarse a aquel que somos. Es un camino desde adentro hacia fuera. El Budismo y el Mindfulness, nos proponen una práctica que indudablemente genera un flujo desde afuera hacia adentro. La posibilidad de confluir en el vivir muy cerca del que en realidad somos se atisba como muy posible. Tal vez, la variable tiempo y la profundidad sean un tema a tener en cuenta en esta idea que esbozo por primera vez y que, creo, merece que se le preste atención.

Presentizarnos

En el funcionamiento de la mente, en el que nosotros corremos del pasado al futuro y apenas nos detenemos en el presente y volvemos al pasado y sucesivamente saltamos, muy pocas veces nos damos cuenta de lo que significa el presente. Nos cuesta asumir los beneficios de instalarnos en el presente. Está muy de moda o se usa mucho el término Mindfulness o conciencia plena. Se sugiere vivir con conciencia plena. Yo prefiero definirlo como instalarnos en el presente, con todos los condimentos que esto tiene. El presente no sólo nos permite realmente vivir y experimentar la vida a fondo, sino que se constituye como un lugar de refugio, de seguridad, de ausencia de ansiedad o depresión. Refugiarnos en el presente, aunque parezca como peyorativo por el término "refugiarnos", es una posibilidad que nos pone a salvo de los propios pensamientos, que muchas veces nos alteran y nos sacan de la cancha.

En lugar de defendernos ante amenazas posibles o imaginarias del futuro, o preocupaciones por el pasado que no nos satisface, el presente es un lugar de mesura, de sosiego, en donde hacernos conscientes de lo único real, que es lo que nos rodea en cada momento.

Las crisis y los miedos

El camino de la vida es una sucesión de momentos estables y momentos de crisis. Las crisis vienen a ser las pausas cuando las mesetas se terminan, cuando lo armónico se detiene y aparece lo disruptivo. Nos encontramos con un cruce de caminos y debemos tomar una decisión como mínimo, a veces son varias. Y, con cada crisis, envuelta en el paquete, muchas veces, bajo muchas capas de envoltorio, se encuentra una oportunidad. Las crisis nos permiten corregir, ajustar, elegir, optar. Y también asociada a la crisis está el detenimiento del tiempo, la pausa, el detenerse. En efecto, el desarrollo del ser humano se detiene, se suspende. Con la crisis sobreviene el temor, el miedo a perder, a dejar de tener, a no compartir más, a dejar de utilizar algo; en definitiva, algo se detiene. Si podemos ver, observar a través del miedo, es probable que atisbemos el premio de las crisis, que es la oportunidad de elegir un mejor camino, de cambiar para mejor. La crisis no sólo detiene el desarrollo, suspende, pausa, sino que también rigidiza y quita elasticidad.

¿Vivo la vida que quiero?

Es una pregunta que sugiero hacerse cada tanto. Es simple y a la vez fuerte, pues nos enfrenta con una respuesta que muchas veces nos sabemos dar. Hay personas que jamás se hicieron este reto, que jamás tuvieron la oportunidad de someterse a este interrogante. Contar con el espacio para formularnos esta pregunta es, a todas luces, saludable. La respuesta puede darme la oportunidad de corregir el rumbo y volver a observar mis objetivos con claridad. También puede darse el caso de que me vea en la realidad, de darme cuenta que estoy muy lejos de lo que quiero. En cualquier circunstancia, hay margen para moverse de lugar e introducir cambios favorables al buen vivir. Aunque esté limitado desde lo económico, siempre hay espacio para generar cambios en mi vida. Sentirlos, imaginarlos, pensarlos es el primer escalón hacia la corrección. Nuestro interior recibe mucha paz cuando encuentra alineación entre su sentir, pensar y hacer. Nuestra alma se inunda de paz cuando se aleja de la lucha, del combate, y empieza a ver el panorama.

¿Dónde nos instalamos?

¿Por qué hablo de abundancia? Porque si me instalo allí, si me instalo en ella, si me apodero de ella, si la respiro, si la vibro, así transitaré mi existencia. Si aprendo a ver todo lo gigante y disponible alrededor mío, lo apreciaré todos los días. Si lo aprecio todos los días, esta mirada será la óptica desde donde miraré la vida. Ejercitaré la abundancia y la haré realidad, pues será la manera de observar y apreciar lo que me rodea. Haré realidad y viviré la abundancia de la vida. Por otro lado, si estoy acostumbrado a sentir lo que me falta, si mi norma, mi habitualidad es la carencia, estaré metido en ella todo el tiempo, pues veré carencia en todo lo que me rodea.

Es importante cuidar nuestro interior, pues será ese interior el que con su constitución me permitirá apreciar las situaciones de la existencia. La vida es una sucesión de situaciones permanentemente cambiantes, altos, medios, bajos. Podré atravesar toda la variedad que se me presente, porque no tendré más remedio que caminar por donde la vida me lleve. Lo importante es el cristal que pongo delante de mis ojos. Ese cristal me permitirá mejorar el tránsito y hacerlo más liviano.

Capítulo 20

Autorrevelaciones

En este capítulo comparto con mis lectores situaciones personales. En realidad, más íntimas y personales que las anteriores.

Encuentro con Nietzsche

Me hubiera gustado mucho conocerlo, hablar con él, divagar
mientras caminamos por la orilla de alguno de los lagos que él solía visitar en Sils- Maria en Suiza. Cuanto más me acerco a su vida
y su recorrido, más familiar y agradable me parece el gran Friedrich. Una vida difícil, pero aun con ella a cuestas se las ingenió
para regalarnos muchas de sus ideas geniales. Él no quería estar
solo, pero se las arregló para hacer un culto de su soledad, de tal
modo de escribir cosas maravillosas, de gran sabiduría.

Me hubiera gustado preguntarle sobre sus emociones, sus miedos, y tal vez lo haga alguna vez, buceando por las páginas de sus
libros. Sobre el impacto que fue nunca haber sido correspondido
con un amor, y lo distinta que hubiera sido su vida y su producción si hubiera sido amado y acompañado por una mujer. No sabemos si más productivo o menos.

El concepto de la libertad y de la creatividad del hombre se me presentan como extremadamente afines. El desafío a las religiones establecidas, a las que llamaba como elementos que corroen al hombre y le impiden su despliegue y desarrollo. El creer en el hombre y sus potencialidades, su potencia, su capacidad de acción y de concreción. Su concepto del superhombre, que ha nacido pues no se dejó captar por la religión y por el concepto de Dios. Vivir la vida como si este día fuera a repetirse una y otra vez por toda la eternidad.

Vuelvo a decirlo, me hubiera gustado conocerlo y conversar con él, tal vez lo haga a través del diálogo posible con aquel que no está, con aquel que no responde, con aquel que ha traspasado la frontera de los vivos. Esto es, imaginando sus respuestas, intentando escudriñar en la imagen que tengo de él, o la que voy conformando a partir de seguir conociéndolo. Imaginar sus respuestas, percibir sus dolores, sus tristezas y también sus pocas alegrías, que también las tuvo cuando se encontraba con ese aire tan diáfano de las montañas de aquella Suiza, y sentía que pertenecía a ese gran todo, al que también hoy yo me siento pertenecer.

¿Qué es lo que hace que un personaje nos llegue más que otro, más allá de su escritura y su pensamiento? Indudablemente que es el gran principio del encuentro, el contenido de sus ideas, pero luego hay algo más.

Hoy ya sabemos que lo que era nombrado hace muchos años como energía es parte real y concreta de la vida de todos nosotros. Somos masa y somos energía, entonces hay algo de eso, de la energía que me llega desde él, y la energía que proviene de mí mismo, la que de alguna manera se sintoniza para que el encuentro, tal como yo lo expreso, se produzca. Es un poco más, es tal vez, mucho más, es ese concepto poético, esa idea mágica de poder advertir que algo de mí se ve en él.

Me veo en él, me atisbo en sus posturas corporales, en su adustez, en su sufrimiento de existente, de ser viviente que pugna por amar y ser amado. Tal vez exista un aspecto mío, una parte mía, una faceta mía que no alcanza a sentirse amada, y eso es lo que me acerca al gran pensador.

No pretendo ni es mi peregrina idea el compararme con su genialidad, lo que si tengo absolutamente claro es que desde los valores personales somos, en principio, iguales bajo este cielo y a lo largo del tiempo.

Nuevos lugares dentro de mí

Hace tiempo que sé que los seres humanos poseemos un manantial interno de proporciones infinitas, como el Universo todo. Por lo tanto, hay un infinito externo y un infinito interno. Y cuando vamos aventurándonos en ese privado y personal infinito interno, vamos encontrando nuevos espacios para conocer y nutrirnos de ellos. Cuanto más adentro vamos, más seguridad encontramos. Cuanto más adentro vamos, menos necesitamos del afuera y más saciados estamos con el adentro. A la seguridad interna se asocia el sentido de completud y de regocijo, y hace aparición una alegría yoica de dimensiones desconocidas hasta vivirlas, estando allí. Ese camino hacia el interior se inicia desde la conciencia, desde una idea simbolizada y consciente, y luego se va convirtiendo en algo que sabe que no es consciente y que es corporal y sensible. Seguimos profundizando a través de lo sensible y no consciente. Vamos entrando y entrando en ese manantial, y vamos descubriendo y descubriendo, con asombro y con sorpresa.

El infinito externo que a veces nos angustia no podemos empatarlo de otra manera que no sea con lo sensible, con lo no consciente nuestro. Cuando de tal manera encontramos, nos acercamos a ese infinito interior, advertimos que empezamos a poseer esa herramienta que nos permite enfrentar ese vacío existencial del infinito externo.

A medida que subimos los escalones de esta travesía hacia el adentro, vamos haciéndonos soberanos de esa fuerza, que es inmensa y que nos permite ir eligiendo, cómo construir y dirigir nuestra mismísima existencia.

Nada nos afecta cuando estamos allí, nada nos puede vulnerar, al percibir esa esencia humana y gigantesca que nos pertenece y nos sostiene.

Me preguntarás cómo se logra esto. Simplemente, permanecer con vos, cerca de ti, cerrando los ojos e intentando sentir qué es lo que querés para tu vida. Que tu cuerpo te responda, que sean las sensaciones corporales las que te den la pista, juntamente con pensar qué es lo que deseo para mí de aquí en más. Empezar a definir qué quiero cambiar, qué quiero profundizar, hacia dónde quiero ir, con quién quiero estar. También empezando una práctica periódica de introspección, meditación, conexión con ese vasto mundo interior.

Cuando acallamos el ruido, cuando dejamos pasar al silencio y nos conectamos con nosotros mismos, con ese ser que vive en nosotros, empieza a ocurrir esta alquimia. No esperamos nada del afuera y nos vamos conectando con el adentro, mansamente, suavemente, amorosamente. De este modo, nuestro interior comienza a hablar, empieza a manifestarse despacio pero sostenidamente, vamos encontrando nuevos lugares en ese vasto manantial interior que da paso a otros y otros. Con cada paso se aleja la víctima y hace su ingreso el protagonista, se aleja la queja y se percibe cada vez más al responsable, al que está cada vez más seguro de sí mismo y sus decisiones.

Esta seguridad, esta serenidad, esta templanza, se va haciendo fuerte en nuestras células, en todas las células, y va incorporando su sabiduría a nuestro ADN, a nuestra energía, la que empieza a irradiar hacia el afuera infinito que nos rodea. Este procedimiento suave y continuo provoca que ocurran aquellas cosas que deseamos y que nuestra vida se vaya acomodando a estadios mejores y más placenteros.

Ischilin-Cacique comechingón

Bady Lestani, psicóloga, escritora, humanista y gran amiga, visitaba a su amiga Graciela Zelaya en Icho Cruz, Córdoba. En esa oportunidad, en su diálogo, apareció mi nombre. Como ocurre muchas veces, entre amigos, le relató nuestro encuentro tan especial cuando nos conocimos y le habló sobre mí. En un momento llega el cacique Ischilin y Helena, su mujer. A continuación reproduzco una carta de Gabriela Zelaya que fue dirigida a mí. Luego, incluyo una del Cacique y, por último, la carta que envié con mi respuesta a Ischilin.

Amigo Guillermo, te regalo este texto, que los maestros ancestrales transmiten a quienes quieren "encontrar el camino a casa".

Bady, que es una ascendida, me habla y me he interesado por ti porque eres compañero de ruta.

Desde aquí te vamos al lado.

Quiero decirte que según los sabios mayas, aproximadamente a los 52 años sucede la muerte cósmica espiritual y se vuelve a nacer. Entonces aparece la segunda oportunidad, definitiva y definitoria. Empieza una nueva vida en la que se nos otorga "el construir y modelar". Dicen los maestros mayas que los años anteriores son un ensayo a veces difícil.

Para algunos esto pasa inadvertido, otros recomienzan con lucidez, son los que buscan sin buscar.

Eres un casi recién nacido cósmico. Ojalá sepas aprovechar la oportunidad en paz y generosidad uniéndote a la naturaleza.

Munay, munay

Graciela Zelaya

Carta del Cacique:

Río Seco, Río Colorado
Tarde Rojiza de fuego en el corazón de la Pachamama
20 de marzo-el año no existe…
Hermano Blanco

Hace unos años, pocos, tal vez tres, que naciste. Eres un "alhue" voladora; alhue, hermano citadino es alma. No te empeñes en encontrarle un lugar porque la confundes. Déjala que vaya hacia tus hermanos y que explore el Universo del que eres parte, déjala libre.

¿Para qué quieres saber quién eres?, para nada te sirve, sólo para encontrar tu "inalen" porque inalen es estar cerca de los otros. Eres buen hombre, eres mano franca, eres un destinado a la "mantu". La mantu es la caricia de la vida. Te quiero en luz hermano Guillermo. Yo no tengo la luz de mundo que tú ves. Helena escribe por mí. Ella es mi pulso. La mujer es el latido del hombre. Hermano blanco, dentro de seis lunas hallarás la armonía "turpu", turpu es para siempre, sino la buscas sólo para ti, si la buscas para los que amás.

Yo te conocía, hombre Guillermo. Por eso te mando la piedra primordial, el cuarzo de la energía primera del planeta Tierra. Que ella te una a mi pueblo dichoso y doliente.

Te deseo un renacimiento pleno. Hace cuatrocientos días que Tú te estás esperando. Sé feliz por ser quien eres y cumple tu servicio. La hermana Bady es chaman, ella no lo sabe porque no quiere saberlo. Ella es "ahuin" porque ahuin es amor iluminador y es "hahian" porque hahian es nosotros.

Tú eres "lihuen", porque lihuen es luz de la noche.

Yo soy "epulen", porque epulen es ser dos. Yo no soy sin Helena.

Me casé, hermano blanco, y seré padre de dos niños o niñas.

Si tú te comportas dignamente, en tu lugar de vivir, esos niños se comportarán en el suyo. Todos nos tocamos.

Ischilin
Cacique Comechingón
Para ti, hermano.
Munay, munay (amor, amor)

Buenos Aires, 2 de abril de 2009.
Hermano Comechingón:

Es para mí un honor mantener una relación humana contigo, descendiente de los hijos de la tierra, aquí en Sud América.

Yo desciendo de españoles, italianos y árabes.

Tres de mis abuelos fueron españoles y mi abuela materna, argentina, nacida en Navarro, provincia de Buenos Aires.

Pero tuve una bisabuela italiana, por eso te cuento esto.

Uno de mis abuelos tenía un nombre árabe Coloman, y mi madre tenía rasgos ineludiblemente árabes, por lo que afirmo que tengo sangre árabe también. Los árabes musulmanes invadieron la península ibérica donde hoy está el reino de España.

La historia quiso que entabláramos esta magnífica relación a través de Bady Lestani, mi gran amiga, y Graciela Zelaya. Sentí un impacto cuando Bady por teléfono me empezó a leer desde Córdoba, tu carta, empezando con Hermano blanco. Siento tu energía, como seguramente vos sentirás la mía, y lo celebro pues estamos conectados a través de la distancia.

Agradezco tus conceptos y deseo que tu vida transcurra con la plenitud que te da la paz interior que posees, junto con tu sabiduría, que es mucha.

Deseo estar en contacto contigo de todas las maneras posibles, pues siento que podemos enriquecernos, caminando juntos por este territorio.

Te abrazo y te deseo lo mejor para vos, tu mujer y tus hijos, próximos a ver la luz, de esta maravillosa naturaleza.

Guillermo García Arias

La Naturaleza, el Camino a Casa

Dependemos de la naturaleza no sólo para nuestra supervivencia física, también necesitamos de la naturaleza para que nos "enseñe el camino a casa", "el camino de salida de la prisión de nuestras mentes". Nos hemos perdido en el hacer, en el pensar, en el recordar, en el anticipar, estamos perdidos en un complejo laberinto, en un mundo de problemas. Hemos olvidado lo que las rocas, las plantas y los animales ya saben. Nos hemos olvidado de ser, de ser nosotros mismos, de estar en silencio, de estar donde está la vida. Aquí y ahora. Llevar tu atención a una piedra, a un árbol, a un animal, no significa pensar en ellos sino solamente percibirlos, darte cuenta de ellos, entonces se te transmite algo de su esencia, sientes lo profundamente que descansa en su Ser, completamente unificado con lo que es y con donde está.

Al darte cuenta de ello, tú también entras en el lugar de profundo reposo dentro de ti mismo. Cuando camines o descanses en la naturaleza, honra este reino permaneciendo allí plenamente. Serénate, mira, escucha, observa cómo cada planta y animal son completamente ellos mismos, a diferencia de los humanos, no están divididos en dos, no viven a través de imágenes mentales de sí mismos, y por eso no tienen de que preocuparse de proteger y potenciar esas imágenes. Son. Todas las cosas naturales, además de estar unificadas consigo mismas, están unificadas con la totalidad. No se han apartado del entramado de la totalidad, reclamando una existencia separada.

Tú no creaste tu cuerpo y tampoco eres capaz de controlar las funciones corporales. En tu cuerpo opera una inteligencia superior a la mente humana. Es la misma inteligencia que lo sustenta todo en la naturaleza. Para acercarte al máximo a esa inteligencia, sé consciente de tu propio campo energético interno. Siente la vida, la presencia que anima al organismo.

Cuando percibes la naturaleza sólo a través de la mente, del pensamiento, no puedes sentir la plenitud de vida. Su Ser. Sólo ves la forma y no eres consciente de la vida que la anima, del misterio sagrado. El pensamiento reduce a la naturaleza a un bien de consumo, a un medio de conseguir beneficios, conocimiento o algún otro propósito práctico. Observa, siente una flor, un árbol, un animal, y mira cómo descansan en el Ser, cada uno de ellos es Él mismo. En el momento en que miras más allá de las etiquetas mentales, sientes la dimensión inefable de la naturaleza que no puede ser comprendida por el pensamiento. Es una armonía, una sacralidad que además de compenetrar la totalidad de la naturaleza, también está dentro de ti. El aire que respiras es natural como el propio proceso de respirar.

La respiración es natural. Conecta con la naturaleza del modo más íntimo e interno, percibiendo tu propia respiración y aprendiendo a mantener la atención en ella. Es una práctica muy curativa y energizante. Produce un cambio de conciencia que te permite pasar del mundo conceptual del pensamiento al campo de la conciencia incondicionada. Necesitas que la naturaleza te enseñe a conectar con tu Ser.

Encuentros en el aeropuerto de Malta

Me disponía a un largo día de regreso a Argentina. Había abierto los ojos con una alegría y tranquilidad que me presagiaban una buena jornada. Tomé un taxi desde el Dolmen Hotel compartiéndolo con David Kaplan, Counselor de Estados Unidos. Habiendo hecho el check out, me regalé un café con leche acompañado por una croissant. Luego de sentir una fuerte vibración en el piso, compartí esto con el vendedor de Hard Rock que me dijo: "Yo también la sentí". Le pregunté: "¿Pasará cada vez que un avión toca y golpea la tierra?". "No creo –contestó–. Es la primera vez que la siento". Nos reímos, miramos hacia fuera por la ventana hacia los aviones estacionados y me dijo: "No veo nada raro". Claro, pensé, estamos entrando a acostumbrarnos a que en cualquier momento puede haber un atentado.

Emprendí camino por las galerías del aeropuerto con gran tranquilidad y al ver la pantalla que me decía que todavía no estaba la "gate" asignada, me llamó la atención el gigantesco puesto de diarios, revistas y libros, me aproximé intentando conectarme con algo que me ocupara el tiempo en ese día largo que tenía por delante. Repasé varias novelas, no me decidía, pasé por los libros turísticos, miré uno de Roma y luego me llamó la atención uno de Malta, lo tomé y vi las fotografías fantásticas de las cuevas y cavernas.

Estaba en eso muy concentrado cuando me toma del brazo un estudiante de Counseling con el que había hablado el día anterior. Me alegré mucho, era Jonah M., iniciamos una charla muy sensible y me contó que era sacerdote, estudiaba counseling y había decidido dejar los votos en un tiempo, debido a que se había dado cuenta dos años atrás de que le gustaban los hombres y quería formar una pareja. Nos sentamos y nos encontramos hablando de la libertad y de todo el camino por delante que teníamos como seres humanos, le dije que veía su potencia, pero que advertía que estaba un poco guardada, como encerrada y lo estimulé a que la vaya sacando hacia fuera.

Me dijo que se sentía muy estimulado por mis palabras, hicimos un contacto muy humano, muy sentido, y nos despedimos muy afectuosamente hasta la próxima.

Con la alegría que sentía por el encuentro volví al mega quiosco de diarios y me llamó la atención un libro sobre Churchill en Malta en tiempos de la guerra, lo tomé y también tomé otro que me llamó y empecé a ver las fotos, que me impresionaron. Vi a la fragata inglesa Antílope navegando por las aguas del puerto de La Valeta en 1981 y me conmoví al recordar que esa fragata fue hundida por la fuerza aérea argentina en época de la guerra de Malvinas en 1982.

Estaba en eso cuando vuelven a tomarme del brazo. Esta vez, una rubia intensa, Margaret, que había conocido en Vancouver y en Verona, pero con la que no había cambiado palabra en Malta, me saludaba muy afectuosamente junto con su esposo, menos activo pero también afectuoso. Me comentó el impacto, de mi presentación, y encontramos una gran coincidencia, me abrazó fuerte, le pidió al marido que me saque una foto con ella. Hablamos de su trabajo en Canadá, en una ciudad cercana a Toronto. Fue muy agradable sentir el afecto tan explícito. Luego nos despedimos con otro abrazo y beso.

Luego fui a comprar el libro y vi de lejos a Bill Borgen. Al terminar de pagar lo busqué y me acerqué y tuvimos el mejor encuentro en tantos años que nos conocemos. Me dijo que lo asombro porque siempre digo que me cuesta el inglés, pero cada vez que abro la boca digo las palabras justas. También fue muy lindo, a su vez, somos tocayos porque los dos somos Guillermo, así que tuvimos un acercamiento muy cálido y nos despedimos muy afectuosamente.

Estos son los hechos que me llenan por dentro y que me estimulan. Hay algo de la energía que se está abriendo mucho, estaré muy atento.

Cómo vivir solo y sobrevivir

Casi sin darme cuenta inicié esta forma que me acompaña desde hace muchos años, de vivir sin nadie más que yo.

Mudé mis pertenencias a mi consultorio, pequeño, incómodo pero suficiente para emprender la empresa que me llevaba hacia delante. Lo primero que llegó a mi vida como una novedad, fue el silencio, la no conversación, la no llamada, la totalidad de nadie, que no tomaba el teléfono y no llamaba. Tampoco llegaban mails, y los momentos de soledad empezaron a abundar en mi vida nueva o nueva vida. Alternaba encuentros fútiles, frágiles, casuales y no casuales. Llegué a darme cuenta de que nadie me iba a dar aquello que yo creía que necesitaba.

Me fui dando cuenta de que era yo mismo el que tenía que proporcionarme todo lo que necesitaba: amor, compañía, comprensión, empatía, conocimiento. Y este camino me fue llevando a darme cuenta cada vez más de que debía emprender el trabajo arduo y constante de proporcionarme todo lo que no existía en mí, para recién ahí intentar compartir mejor y más tiempo con una persona del sexo opuesto.

Fui llegando a un concepto, a una idea, que denominé "Enteridad". Claro, si existía la Soledad, si existía la sensación de que algo me faltaba, si existía el sentimiento de que yo solo no podía completarme, fui entendiendo que el único camino era el de completarme a mí mismo. Ese completarme a mí mismo, ese sentirme completo y entero, me llevo a zambullirme en la palabra y la idea de estar entero conmigo, y por ende, de alcanzar la Enteridad.

Esa Enteridad que dé cuenta, que me dé cuenta, que estoy entero, que estoy completo, que no me falta nada para desarrollarme por el camino existencial. Si bien y paralelamente a esa tarea que me puse por delante también persistía la necesidad de estar con otro.

Los seres humanos somos gregarios y necesitamos que nos quieran, que nos amen, y es un insumo necesario para vivir. Entonces se dieron dos caminos paralelos: uno que emprendía solo, con el afán de completarme conmigo, y otro que pugnaba por encontrar alguien para compartir la vida.

Así fue pasando el tiempo, los meses y los años, alternando relaciones de distinta duración en las que iba como ejercitando mi nueva capacidad para compartir mis momentos con una mujer. Volví a sentir el enamoramiento, la pasión, la ilusión, la alegría de estar con alguien y seguir estando. Fueron muchas las maneras, las formas, las intensidades, y hoy, después años, mi situación es la de soledad conmigo, la de una rara forma de enteridad en la que, a veces, me atraviesa un raro sufrimiento y que, con distintos recursos, logro superar.

Desayunar solo, con diario o sin él, recorrer el día, almorzar, atravesar la tarde, cenar y dormir en soledad, fueron constituyéndose en mi manera de estar en esta vida, en lo que respecta al compartir con otros. Herramientas, quehaceres, actividades, deportes, fueron jalonándose mientras recorría el camino. La lectura, primera amiga; y primeros amigos los libros, los sahumerios, los olores, las fragancias, los sonidos, las músicas.

La escritura, la gran descarga emocional que me acompaña desde siempre, la contemplación y la meditación para sumergirme en mí y poder acceder a esos espacios inexpugnables en los que estoy a cubierto y a salvo de otros y de mí mismo.

Por supuesto que las caminatas cada vez más largas, el tenis, el golf y, desde hace menos tiempo, la pintura, el arte plástico, el aventurarme en un área que estaba dormida y que hoy por hoy me proporciona muchas satisfacciones. Estoy solo, siento lo que significa estar solo. Tiene un peso distinto de aquel que tenía hace años. Algo en mí está más robusto y algo en mí no lo está.

Me he probado por obligación de la vida y elección mía, que es posible vivir solo, estar solo, proyectar solo, ir de viaje solo, emocionarme solo, entristecerme solo, alegrarme solo, y también he encontrado que puedo estar muy feliz y por momentos exultantemente feliz, solo. Diría que va creciendo por dentro una fuerza, muy clara, que es esa que me indica que sigo construyendo a este hombre, a este ser humano que habita en mí.

Revancha

"El Deporte da revancha", se dice popularmente muchas veces, y a partir de allí se enciende un nuevo motor para seguir adelante, luego de una derrota. El deporte es una manifestación más de la vida misma. Mi padre solía decir que si no hubiera deporte y no se confrontaran los países a través de disciplinas deportivas, habría más guerras. Con el tiempo, varias personas volvieron a enunciar esta idea. Partido y revancha, éxito, fracaso y éxito y fracaso. Qué bonita es la vida por momentos, y qué triste puede ser también, por momentos.

Sensaciones de derrota, sensaciones de haber perdido, nos ocurren en muchas circunstancias de nuestro recorrido. Las cosas no ocurren como nosotros las deseamos, y en algunas de esas oportunidades, sentimos una sensación de pérdida.

Sorpresivamente, a la vuelta de la esquina, en el momento menos pensado, nos espera un triunfo, un opuesto, un éxito, y una alegría. En algún lado leí que cuando el Universo nos dice NO nos quiere decir ESPERA, es un NO AHORA.

Por embarcar

Siento una sensación conocida… Estoy esperando para embarcar a un vuelo internacional, la adrenalina ya circula en mi sangre, la excitación me envuelve y me siento muy bien. El viento de incertidumbre, al que me fui acostumbrando, me mima, me acaricia, me siento muy vivo, percibo la intensidad de la vida que se me ofrece con generosidad.

Es abundante, es indescifrable, y me siento afortunado de pertenecer a este Universo. Percibo que soy parte de la abundancia, que me constituye, que soy un componente de esta inmensidad que me rodea.

Ya arriba del avión, en mi asiento de pasillo, recibo estímulos, voces, bebés que se quejan, que lloran, azafatas que con grandes trancos recorren los pasillos para dar satisfacción a los pasajeros. Las turbinas zumban, hay movimiento, un aire muy limpio llega a mis pulmones y el bienestar se hace uno conmigo. ¿Qué hice para sentirme así? Me contesto que tomé la opción de una invitación, que me fue formulada diez días atrás. Me tropecé con Alberto a la entrada del Puerto de Punta del Este, intercambiamos unas breves palabras, me tomó de los hombros y me dijo: "Te invito a mi cumpleaños, el 6 de febrero".

Fueron como palabras mágicas, pues me sentí muy bien al recibirlas, como un abrazo hecho de palabras que me ofrecía su calor. Le dije que ya estaría en Buenos Aires para esa fecha, me dijo que si podía le gustaría recibirme. Me quedé pensando, percibiendo, sintiendo, y había dicho que no, me había dicho que no, pero la influencia de varios estímulos del fin de semana iniciaron un lento viraje.

Hoy, por fin, mientras meditaba, le pregunté al Universo y él me contestó que sí, que si conseguía pasaje emprendiera el viaje. Suspendí la lectura de *La Nación,* apuré mi té con leche y saqué los tickets de avión y reservé un hotel en menos de diez minutos. Voy, me dije, y ahí empezó a circular la adrenalina, y una sensación de bienestar que se fue expandiendo por mi cuerpo. Ahora se mueve mucho y sigo estando feliz a pesar de eso. Aterrizo pegando fuerte contra la madre Tierra y se abrieron compartimientos superiores. Estuvo bien con el viento que había. Vino a buscarme Claudia, ¡qué diferente es cuando alguien viene a buscarte a un aeropuerto! Y si es Claudia, mejor.

Manejo hasta el hotel en la península, en la misma cuadra de su primera casa en Punta cuando apenas tenía meses. Fue emotivo, yo paraba en un hotel en la misma calle un tanto extravagante de cuando ella era niña, todo tres años después. Me cambié muy rápido, tomé un taxi y emprendí viaje hacia el Coral Tower a buscar a Jorge y Renee. Allí seguimos viaje hasta el Acuarela, hermoso edificio sobre la parada 18 de la Mansa. Entramos a Zum, mucha alegría, muchas caras conocidas. Música en idish, alegría, celebración, buena comida, risas, todo fue magnífico y de gran calidad. Sigo aprendiendo tanto de la comunidad judía, que me aupa y me mima a través de Jorge, Alberto, Edmundo, Miguel, Lázaro, y otros.

Fue una hermosa fiesta, celebramos el cumpleaños de Alberto y la vida misma, canté una canción de Sabina, me sentí muy bien. Gracias a la vida.

El Maharajá de Kapurthala

Kapurthala, Punjab, India, 2007

De chico tuve el privilegio de ser cuidado por una mujer increíble, llamada Manuela. Me acompañó desde mi nacimiento hasta el 5 de julio de 1975, fecha en que murió, con gran tristeza para mí. Fueron 21 años, los primeros, los que tuve el amor y la dedicación de esta madre-abuela que vive en mi interior. Había nacido en Corrientes y no tenía familia, su única familia era la constituida por sus anteriores patrones que vivían en la calle Gascón y adonde concurría con frecuencia, dando cuenta de una nobleza y don de gentes, muy especial. Recuerdo que cuando me vestía para una fiesta o reunión me miraba y me decía: "Parecés un Jailaife, sos todo un Jailaife".

Muchos años después me di cuenta de que había castellanizado dos palabras en inglés: "High Life", como se acostumbraba a decir de algunas personas del Jet Set. Gente que vivía en la Buena Vida, en la High Life.

También, cuando hablábamos de alguien que tenía mucho dinero ella decía, "tiene más plata que el maharajá de Kapurthala", y eso fue escuchado por mí muchas veces, sin entender de qué hablaba.

Leía muchas revistas y extractaba de ellas esos dichos. Con el tiempo, en uno de mis viajes a la India, en uno de los recorridos por esos caminos interminables, en el norte, veo un cartel urbano que decía KAPURTALA, 10 KM. No lo podía creer, y no lograba integrar todo lo que me estaba pasando. Aquello que había escuchado muchas veces en mi infancia se materializaba en un cartel de verdad. Lo agotador del viaje y la premura por llegar, luego de tantas horas, me impidieron decirle al chofer que se desviara.

Era de noche y la incertidumbre es una compañía permanente en la vida y se agiganta en la India. Es muy difícil emitir una idea de que me podía encontrar de noche si nos dirigíamos a Kapurthala. La vida da vueltas y giramos alrededor de nosotros mismos, y volvemos una y otra vez a encontrarnos con cuestiones tan conmovedoras que nos emocionan y nos enriquecen día a día. Queda pendiente un viaje a Kapurthala para respirar ese aire que da cuenta de volver a sentirla a Manuela. Hoy, que escribo esto, le doy trascendencia a Manuela y una parte de mí reboza de felicidad.

Los imposibles

Desde chico me acompañan los imposibles.
Esto no es posible. Esto es posible.
Mi curiosidad por pensar que algo que a priori es imposible puedo hacerlo posible, fue una característica de mi vida.
Por momentos me he peleado fuerte con esta idea.
He recorrido distintas maneras de conectarme con el concepto del imposible. Fueron distintas maneras de vincularme con la idea de los imposibles.
En un momento logré hacer posible algo que parecía que no era posible.
Con el tiempo acuñé una frase: "Vivir es animarse a alcanzar los imposibles".

Experiencias en la India

Es increíble cómo las experiencias fuertes que viví en India vuelven recurrentemente a mi conciencia, para marcarme el camino, para iluminar mi sendero. Es una característica regenerativa, de índole energética y maravillosa. Por lo general, en momentos en que medito aparecen los personajes importantes que fueron jalonando mis grandes encuentros en India. Me acompañan sus rostros y son esos rostros los que súbitamente hacen su aparición cuando conecto fuertemente conmigo. Me acompañan desde nuestros encuentros físicos, son parte de mí, me constituyen y conforman una compañía más allá de sus enseñanzas que persisten y siguen trabajado en mí. Palampur, Rishikesh y Bangalore fueron las tres ciudades en donde logré llegar a la India profunda, a la sabiduría ancestral, a la sala de máquinas espiritual de ese gigantesco y enigmático país. Eso no significa que no haya tenido vivencias tremendas en todas las ciudades, pueblos y lugares, pero esos tres sobresalen del resto. A punto de terminar de escribir este libro apareció en medio de una meditación Govinda, el Swami, que conocí en Bangalore.

Encuentro con un swami en Bangalore

Estaba en la casa de mi amigo Ranga Bedhi, un fuerte empresario de mirada aguda, de tono sólido y de ojos curiosos. Habíamos cenado y en la sobremesa hizo un resumen de mis inquietudes: "Si querés conocer a un Swami, mañana será el día". Así fue que concretó una entrevista para mí y allí fui con el entusiasmo que me encendía el alma. Me recibió un hombre canoso, de porte sencillo, de mirada dulce y de ademanes generosos. Nos sentamos en su reducido living y, en medio de una cada vez más intensa charla, le arrojé: "¿Qué es ser Swami?". Y respondió: "Te relataré mi vida: al principio empiezas a estudiar, eliges luego una carrera y alcanzas un grado universitario. Empiezas a trabajar y llegas a un lugar al que querías llegar. Formas una familia, tienes hijos y te constituyes en padre de familia. En un momento en el que eres un profesional con familia y trabajo dejas todo y te retiras, y tu vida es un viaje hacia adentro. Vives meditando y conectando con la sabiduría del Universo".

Simple y a la vez profundo, recibí el impacto de un hombre de carne y hueso que pronunciaba sus palabras dentro de un océano calmo que su presencia irradiaba. Me conecté conmigo, percibí el renunciamiento que recibía a través de su relato. Una vez más fui engrosando esta idea que se ha convertido en una realidad permanente de mi vida. Cuando tenés claro hacia dónde vas, las maneras, las formas, las circunstancias pasan a segundo plano. Y lo impresionante e impactante es que en el caso del que hablo lo dejado atrás era nada menos que su familia, su posición social, su profesión… apenas toda su vida anterior a esa que lo depositó en su nuevo estadio del ser, ser Swami.

Creando realidad

Estoy feliz, pues he creado una realidad feliz.

Estoy super feliz, exultante, pues he creado una realidad muy feliz.

He puesto a Nino Bravo en el Ipad, y ahí me reencuentro con aquel Guillermo adolescente, feliz al escucharlo, y también con mi madre Josefina, que escuchaba todos los días al genial español.

Anoche, recordando enseñanzas de mi padre con Tipperary y con Henry Longfellow, me reencontré con él.

En esta mañana de lluvia en Luján busco colores en las telas y con el enduido busco masa para agregar a las mismas.

Estamos todos, mis padres y mis Guillermos a través del tiempo, estoy feliz, me siento acompañado por el Lobo Estepario que vive en mí y con mis padres a mi lado.

Ahora lloro, pues necesito lavar, limpiar, sanar espacios míos que aparecen aquí y ahora con todo esto.

Amo el amor y no extraño a nadie en particular y eso me parece muy bueno.

La estoy esperando para incluirla e incorporarla.

Crear realidad, eso es lo que hice, en esta mañana, y luego la dejé ir para empezar a vivir otra realidad.

Eso lo podemos hacer cada día y cada momento.

Me recibe un jardín desnudo

Es invierno, último día de julio de 2016, cuento doce árboles sin hojas delante de mi vista.

Se ha desvestido una parte de la naturaleza, y esa parte se asemeja a un páramo, sin color, sin pasión, casi sin vida aparente, a pesar de que ella está y se prepara para renacer.

Disfruto de estar acá, de escuchar a los teros, a los benteveos, a los gorriones, que se hablan y se gritan de rama a rama.

No hay viento y la imagen podría ser la de una foto, pues no se percibe movimiento salvo algún vuelo solitario de una solitaria ave.

Muchas veces he contemplado esto y esas muchas fueron con la sola presencia de todas mis partes.

Alguna vez juntas y muchas separadas.

Me emociona la vida, me emociona estar acá, mirando lo que miro y sintiendo lo que siento.

Me invaden la tristeza y una mezcla de sentimientos contradictorios.

Veo el reflejo de un liquidámbar en el agua quieta de la pileta, en realidad son tres que se mezclan. Quedo como en éxtasis, al permitir que el paisaje ingrese en mí, me tome, me envuelva.

Mi ritmo desciende, mi esencia se funde y ahora percibo que no hay diferencia entre el jardín y el que escribe.

Es como una siesta, con los ojos abiertos me convierto en calma y me fusiono con el cielo gris; desciendo, bajo, me doy cuenta de que estoy dentro de una suerte de meditación con los ojos abiertos.

Me voy para adentro y encuentro llanto, y lloro, y sigo hacia adentro. Percibo el tenue sonido del piloto de la estufa, recibo un grito de un pájaro, y de otro, pero yo sigo hacia abajo, o hacia adentro.

Garufa

Conmovedor encuentro urbano, martes, 13 horas, en Blanco Encalada al 3000.

Se hace cotidiano, dejo el auto en un estacionamiento, no cualquiera, de esos antiguos, viejos, de los de antes.

Nos saludamos con un hombre de unos setenta años, hay simpatía, y pasan las semanas.

Un día, llego y me dice: "¡Qué hacés, Garufa!". Me río, lo saludo.

La simpatía pasa a ser complicidad, vengo todas las semanas, a la misma hora.

A partir de allí, la confianza aumenta, empecé yo a decirle a él Garufa y nos reímos juntos. Me siento bien y se siente bien.

Nos manifestamos nuestro buen humor, nos complace encontrarnos. Es solo una escena de tantas en la vida urbana, en el recorrido por una ciudad tan grande como Buenos Aires.

Uniendo los puntos - Eva Sandoval

Una tarde en Svorany Znagov, en Bucarest, Rumania, allá por mayo de 2015, en un taller de mi amigo el médico psiquiatra David Slavsky, tomé contacto con la obra de Bruce Lipton. Escuché sorprendido acerca de su libro La Biología de la Creencia, y de la posibilidad de crear realidad. Idea que me acompaña desde hace ya muchos años, pero que se recrea y se reactualiza cada tanto.

También vino el conocimiento de Candance Pert, la científica que desarrolló la Psiconeuroinmunoendocrinología y su idea de las Moléculas de las Emociones. Las moléculas escuchan lo que pensamos y actúan en consecuencia.

A su vez, David me hizo conocer a Dean Ornich y sus trabajos sobre redireccionamiento de los genes y el desarrollo de lo llamado como Epigenética. Ciencia ésta que, a su vez, camina conmigo desde tiempo atrás.

Empezó a crecer en mí, más aun, este concepto de Yo Soy los Otros, Los otros soy Yo, y Yo soy el que puedo crear mi realidad. La inexorable creencia en ser el único arquitecto de mí mismo, el único que puede colocar los ladrillos de mi construcción, me fue tomando de la mano por ese recorrido de potencia.

Lo que venía escribiendo, producto de mis ideas y experiencias, se iba engrosando a medida que lo escuchaba a mi amigo, y luego de ir recorriendo las páginas de los libros de Bruce Lipton. La mirada existencial y fenomenológica de la vida le dieron marco de coherencia a la unión de puntos.

Me quedó dando vueltas en mi cabeza y en mi corazón. Esta nueva danza de temas y de ideas, y se fue sazonando dentro mío esta sensación creciente del desarrollo y el conocimiento de la energía que nos constituye. Esa energía, que toma forma, fuerza y color, recién después de recibirla, reconocerla y ponerla en acción, pues antes también está, pero un poco dormida.

Luego de terminar el primer libro, emprendí la lectura de *Efecto Luna de Miel,* y de *La Biología de la Transformación,* que me impactó más aun que el primero.

Aquí apareció con mayor nitidez el cerebro del corazón, y la magnitud que toma el enlace superior entre la mente, con sus células distribuidas por el cuerpo.

Al finalizar y percibir la sed existencial de más, me topé con Psych-k, uno de los métodos sugeridos por Lipton para conectar, tomar contacto con todo ese universo e infinito subconsciente que tenemos dentro nuestro. Me vinieron el infinito exterior, hermanado con el infinito interior y el fluir de la conciencia entre ambos abismos. Allí, en algún punto de esa lectura, me tropecé con el nombre de Eva Sandoval, en Barcelona.

Instintivamente, tal vez, desenrollando ese no consciente que me habita, teclee su nombre en Facebook y sí: allí estaba, esa sonrisa amplia y esa mirada profunda. Fue solicitarle amistad, iniciar un diálogo en principio no muy disponible, pero al final pudimos conectar para que yo le comentara mi interés en conocernos en mi próximo viaje a Barcelona. Intercambiamos intereses y datos, y por fin, en la mañana del 9 de setiembre de 2016, montada sobre su moto, Eva Sandoval hizo su aparición en la esquina de Aribau y Mallorca. Un cruce de existencias, pero de otro modo, continúo esa mañana.

La disponibilidad para atravesar la experiencia y dejarnos guiar fue el insumo básico del encuentro. Una mesa nos llamó desde un bar y dos zumos orgánicos fueron testigos del encuentro.

Poco tiempo, intensidad, temas, nombres, lugares, Buenos Aires, Palermo, Cabildo y Juramento, La Vía, empezaron a desfilar. El intercambio de sensaciones y experiencias fue jalonando un momento de celebración.

Se me viene, como siempre, el unir los puntos y que luego sigan uniéndose solos, y el final se dio con necesidad de no final y el siguiente eslabón se dejará enganchar en una cadena y, como tantas, seguirá y seguirá.

Me llegó su energía determinada, su energía dirigida, asertiva, y atravesó la mía para entender un poco más. Mis libros, sus libros, la trascendencia, el más acá y el más allá, se dieron cita en ese bar y participaron en ese encuentro dialéctico y mágico de experiencias con cuerpos, de fluir con ganas, de celebración por compartir ese espacio de tiempo en el que Martin Buber nos regaló un Yo-Tú, y un alarido de la vida se sumó al sonido de su moto al partir, con promesa de eternidad.

¡Qué abundante que es la vida!

Afortunadamente, muy periódicamente me envuelve la sensación de abundancia de la vida. Lo que me rodea se me hace extremadamente abundante. La cantidad de estímulos que llegan a mí es inmensa. Casi no puedo procesar todos ellos, pues son muchos.

Escribo detrás de la ventana y, cuando levanto la vista, veo un paisaje con múltiples verdes, tonalidades preciosas que la naturaleza coloca frente a mí. Observo los pájaros, sus diferencias, sus tipos y características. Tengo sobre mi mesa una flor de jazmín, la que huelo cada tanto para impregnarme de su fascinante aroma. Escucho a Serrat y a Sabina, que acompañan mi estar. Me siento bien, tengo alimentos para saciar mi hambre, agua para saciar mi sed, libros para saciar mi necesidad de inspiración y aprendizaje. Algo de acrílico queda aún en los frascos, con un poco de enduido, como así también telas, ávidas de mis ataques de descarga energética.

Hay personas que me aman, amo a muchas personas. ¿Qué más puedo pedirle a la vida? Se nos nubla cada tanto la mirada mental y no alcanzamos a apreciar esta riqueza. Qué bueno es ir conociendo nuestros momentos bajos, nuestros momentos difíciles, y acompañarlos para luego, cuando se disipe la niebla, volver a encontrarse con esta abundancia.

Sostengo que siempre la vida es abundante, que siempre hay mucho más de lo que falta. En cualquier circunstancia, hay más disponible de aquello que nos falta.

Obviamente, que hay una variable individual, que es la percepción de cada individuo. Esa variable individual tiene que ver con el lente que utilizo para apreciar lo que me rodea, lo que está alrededor de mi cuerpo y alma.

La vida vivida impacta en mi óptica, como así también mi capacidad en ir ampliando mi campo perceptual, de modo de poder ir dándome cuenta de qué se trata la vida. Todo está cambiando a nuestro alrededor todo el tiempo.

Por lo tanto, apreciar la vida como un proyecto, como una cinta transportadora, como algo cambiante, nos permite quitar el ancla de situaciones previas que nos quitan posibilidad de advertir que nada es fijo e inamovible.

Dicho esto, manifiesto que puedo ver la abundancia si creo en ella, si creo que existe, además de haberla percibido. Los que la sentimos profundamente podemos ayudar a otros a que la vean, y la reciban y la disfruten.

Café Las Violetas

Pasé por ahí para ir al estudio de grabación de *La Hora de Maquiavelo* con Diego Dilenberger, y mi alma me pidió parar a la vuelta. Así lo hice, busqué estacionar y lo encontré a media cuadra. Caminé hasta Las Violetas y busqué una mesa mientras me dejaba abrazar por la energía de ese increíble lugar, tan especial para mí.

—Café con leche y masas —pedí resuelto al mozo.

La historia empezó en ese lugar, una tarde de 1949, en la que se encontraron por primera vez mis padres, luego de un breve diálogo en la calle Florida. Sé que mi viejo la esperó mucho más de lo que hoy un hombre esperaría a una mujer. Era otro mundo, las mujeres llegaban muy tarde y los hombres las esperaban. Él llevaba 32 años en su alma y ella los cumpliría unos meses después. Me conecté con los fantasmas que todavía habitan entre las columnas y las mesas, imaginé las diferencias con el ahora.

Eran otras las ropas, otros los edificios del barrio. La calidad de la zona se derrumbó hace mucho. Negocios de mala calidad, construcciones de mala calidad. Al salir, observé los edificios de las cuatro cuadras que nacían en esa esquina de Rivadavia y Medrano, y pude advertir cuáles estaban ya en aquel 1949.

Fue un lindo y melancólico ejercicio el que hice ese martes 30 de mayo, y las lágrimas me acompañaron hasta subirme de nuevo al auto.

Hoy brotan cuando lo escribo.

Homenaje póstumo a mis viejos y necesidad de abrazo desesperado en un tiempo difícil.

Capítulo 21

Tarea para el hogar

Acá van algunas sugerencias para reflexionar:

No voy a resistirme

No, no, no más, no más resistirme a mí...
No, no más resistirme a lo que pasa...
No, no más taparme cuando llueve...
No, no más correr a un refugio...
No, no más asustarme de la vida...
No, no más hablar bajito cuando mi alma grita...
No, no más recibir el maltrato...

Si tan sólo pudieras...

Dejarte llevar por tu experiencia...
Dejarte llevar por tu presente...
Sacar conclusiones sólo del estímulo que tus sentidos presentes
te señalen...
No evitar situaciones si no sabes de ellas...

Vivir y luego decidir…

Transitar y luego evaluar…

No rechazar nada antes de vivirlo…

Hacer una pausa… y luego actuar…

Chequear con tus sentidos y luego procesarlos….

Separar aquellas ideas que incorporaste de todo lo que vivís y sentís en el ahora…

Dejar de ser un producto de las ideas de otros…

Y ser sólo tú mismo, en todo momento, serás mucho más feliz

Capítulo 22

Reflexiones filosófico políticas existenciales

Nos despertamos, abrimos los ojos, advertimos que estamos en un lugar y nos disponemos a abandonar la cama para empezar un nuevo día.

Nuestro cerebro inicia la etapa de la vigilia, estamos despiertos, se nos ofrece por delante una nueva etapa de tiempo.

Los días se encadenan uno tras otro y se van sumando intensiones, deseos, ansiedades, pasiones, acciones, alegrías, broncas, tristezas, frustraciones, satisfacciones, abulias, todos y nadas y muchas situaciones, realidades, sueños, ilusiones, creencias, dolores, etc.

Todo lo que nos pasa está inmerso y constituye la llamada existencia o vida de cada uno de nosotros.

Nuestra vida es única y a la vez tiene condimentos de alguna de todas las otras, nos pasan cosas únicamente a nosotros y a la vez muchas de las situaciones, sentires, tienen muchos parecidos con las de los demás.

Somos únicos y a la vez parecidos a todos los demás.

Hay también muchísimas cosas totalmente distintas a muchos de los demás.

Esto es, por supuesto, porque encaramos la vida de muy distintas maneras o intensidades, con distinto tipo o modo de apasionarnos.

A su vez, en virtud de la cultura propia de cada persona, de cada familia en la cual fue criada, de la sociedad en la cual esté inmersa, se sentirá parte de un engranaje, se sentirá que mira al engranaje en donde está girando o se sentirá con la capacidad de construir o modificar el engranaje.

Habrá personas que observan y entienden lo que pasa, otras que modifican o interfieren en lo que pasa y otras que no tienen la menor idea de lo que está pasando.

Hay personas que piensan en función de las otras y por ende les importan las otras personas, hay personas que ignoran la existencia de otras y, por ende, no actúan teniendo en cuenta a los demás, y también infinitas variantes en medio de estas dos.

Existencia, sumatoria de las cosas que nos pasan y que vivimos y experimentamos.

¿Qué es la vida sino una sumatoria de vivencias, de experiencias, de sentimientos que nos ocurren o sentimos de manera encadenada?

Millones de personas jamás conocerán el mar y millones jamás se subirán a una montaña elevada, muchos no conocerán nunca la experiencia de volar en avión o de navegar sobre el agua. A su vez, numerosas personas lucharán toda su vida por acceder a agua potable, caminando muchos kilómetros diarios para esto, y esa será su principal actividad y preocupación todo el tiempo que vivan en este planeta.

En el otro extremo, a su vez, millones intentarán averiguar en qué pueden gastar el dinero que poseen e inventarán maneras nuevas, originales, innovadoras, pues están agotados de comprar todo lo que se les pone delante.

Se ha generado y se sigue generando una gran industria para ofrecer cosas nuevas de atracción para seres humanos, abúlicos y deprimidos por no saber qué cosa nueva pueden hacer o en qué pueden utilizar sus dineros, pues están hartos de haber hecho varias veces todo lo que querían hacer, sin sufrir ningún tipo de limites.

En esta línea podemos, a su vez, consignar la confrontación ética con la que se enfrentan muchas empresas y, por ende, muchas personas.

Primero estuvo el obtener dinero para satisfacer necesidades básicas, como alimento y vestimenta, estar al abrigo del frío y de las inclemencias del tiempo. Luego, el ganar dinero para satisfacer las necesidades que la vida nos va poniendo en el camino: acceso a la salud, acceso al conocimiento, acceso a profesiones que nos den sentido, acceso a diversiones, acceso a poder viajar y entretenernos.

También hay miles de empresas que ya les han dado a los accionistas cantidades de dinero como para no necesitar desempeñar ninguna actividad por el resto de sus vidas, y las de sus hijos y nietos y bisnietos. Pero aun así siguen generando dinero y obteniendo ganancias y dividendos, y siguen amasando más y más y más fortunas.

Y aparece otro problema que es en dónde poner, qué hacer con tantas cantidades de dinero. Aparece la confrontación con la situación planetaria y humana a escala mundial. ¿Para qué? ¿Para quién?

Organización o anarquía

En el planeta viven 7.000 millones de personas de las cuales alrededor de 2.800 millones viven con menos de dos dólares por día, un poco menos de la mitad de la población. El 20% de la población, o sea 1.400 millones de personas, poseen el 90% de la riqueza del mundo. ¿Cuál es el sentido de esto? Volvemos al término y el sentido de Existencia. ¿Qué es lo que hacemos los seres humanos para que esto suceda?

Indudablemente que si bien las Naciones Unidas fueron fundadas, para intentar que no hubiera más guerras, y dentro de las Naciones Unidas hay dependencias que se ocupan del hambre, de las enfermedades, del acceso al agua potable, etc.; si el hombre como individuo no pone en práctica acciones muy claras, cada vez habrá más habitantes y cada vez habrá más pobres.

En los países en donde impera más el respeto entre las personas, más equidad, hay menos personas fuera del sistema. En los países en donde impera más el autoritarismo, el egoísmo, la tiranía, el culto de la personalidad, la falta de libertad, hay más pobreza. Por supuesto que una cosa es pobreza o riqueza y otra es la felicidad, pero será tema de otro trabajo. Cuanto más se preocupa un gobierno por su pueblo, más feliz es ese pueblo.

Tal vez sean Suecia, Finlandia, Noruega y Dinamarca los países con mayor nivel de vida, en cuanto a tener la educación, la salud y la seguridad en los standards más altos de todos. En ellos funciona una economía con un sesgo muy social.

En los países en donde la movilidad social es muy fuerte y donde hay más posibilidades de, habiendo nacido en la pobreza, poder revertir esta situación y acceder a la riqueza, son aquellos en los cuales impera la libertad. En este segmento podemos ubicar a Estados Unidos, Japón, Alemania, Inglaterra, Francia, Bélgica, Holanda, Austria, Australia, Canadá, Corea del Sur, y en menor escala Italia, España, India, Brasil, Sudáfrica.

Los países que más pobreza sufren son aquellos en los que se han instalado tiranías, como Rusia, Cuba, Corea del Norte, muchos países de África.

La falta de libertad, la entronización de dictadores, la distribución tiránica de la riqueza, logra sistemáticamente desigualdades muy profundas y pobreza. El culto a la personalidad conlleva falta de libertad y pobreza. Un capítulo aparte sería China, que lleva adelante un sistema mixto, entre libertad económica y movilidad social dirigida, en donde se ha pasado de un culto a la personalidad, a un control con libertad muy particular. El estado decide cuántos hijos se pueden tener y determinadas libertades, el control es muy fuerte. Potencian la economía liberal para la creación de riqueza y controlan las libertades individuales hasta un límite que hoy pueden. En el futuro, el hombre va a luchar por la libertad completa.

Reflexiones filosófico políticas

En un capítulo de la serie *Merlí* en Netflix, este profesor de filosofía les dice a sus alumnos: "si hay una crisis financiera, se reúnen los grandes financistas y figuras importantes del mundo económico y la tratan de resolver inmediatamente, con máxima urgencia, como quien tiene que apagar un incendio… pero para atender a los millones de seres humanos que no tienen para comer hoy, no parece haber la misma urgencia".

Hace años que asistimos, desde que tenemos uso de razón, al conocimiento de que más de la mitad de la raza humana se encuentra debajo de la línea de pobreza y miles pierden la vida diariamente por no tener el mínimo de alimento para conservar su existencia. Asimismo, leemos diariamente las cifras que ganan las compañías más grandes del mundo, año a año.

Cada vez menos gente tiene más y cada vez más gente tiene menos. Los porcentajes son alarmantes. No quiero hacer acá una defensa de posturas anticapitalistas ni mucho menos, creo en el liberalismo como la mejor manera en que el hombre pueda crecer y desarrollarse. Redondeando, me considero la ultra izquierda de liberalismo, me siento cerca de la Economía social de Mercado a la Europea en donde se conjugan una mirada humana de la economía y la potencia creadora del liberalismo. Pero sí creo que el hombre debe hacer más por los demás, no alcanza lo que hacen los programas de la ONU, de la OEA, etc.

Centenares de fundaciones colaboran en África, en Asia y en América para mitigar el sufrimiento de millones de personas, que no cuentan con agua, con comida, con abrigo. No alcanza, no es suficiente. También, debo decirlo, hay muchos magnates que recurren a la filantropía, que destinan mucho dinero para obras de bien y para mejorar la vida de los otros.

Pero no alcanza, no es suficiente.

Lo veo en empresarios que me rodean y lo leo y lo advierto en miles de empresarios a lo largo y ancho del mundo, no hablan de otra cosa que no sea, ganancia, utilidad, *profit*.

Cuando tenés la suerte de vivir con grandes espacios de tiempo para pensar, lo que te envuelve enseguida es el sentido real de la vida que vivimos. Qué sentido tiene la vida si sólo estamos acá para ganar y ganar y ganar, y seguir ganando. Veo con admiración a Warren Bufett, uno de los hombres más ricos del planeta, de más de 80 años, viaja todos los días a sus oficinas en Wall Street en Metro, con su valijita, sencilla como una persona más. Pero también leo las cifras de lo que gana anualmente el Consorcio Berkley Hathaway de su propiedad y me pregunto: ¿hasta cuándo?, ¿hasta dónde? Sumo a Bill Gates, a Mark Zuckerberg y tantos otros, y sé de su caridad y de sus donaciones y su filantropía.

Pero no alcanza, no es suficiente.

Llama la atención que no haya una convención mundial de urgencia, como cuando hay una crisis financiera o económica, para emprender una tarea muy fuerte contra la pobreza. El problema que se suma, en los últimos 20 años, es la naturaleza de los trabajos que la creación de riqueza ofrece ahora y en el futuro a los hombres de este mundo. Cada vez se generan más automatismos, cada vez más todo es remoto, todo es virtual, y entonces ¿quién piensa en el futuro del trabajo, en el futuro de la humanidad?

También sé que muchos lo piensan, lo reflexionan, lo tratan de diseñar pensando en las personas.

Pero no alcanza, no es suficiente.

Epílogo

Hemos llegado al final.

Espero que en las páginas de este libro hayan encontrado fuentes de inspiración para el desarrollo de su vida.

Si quieren compartir algo de lo que se expresa en esta obra, pueden escribirme a **garciaariasguillermo@gmail.com** o visitarme en mi página **www.garciaarias.com.ar**

¡Muchas Gracias!

Índice

Capítulo 20